AF384852

# LE SALUT DE L'EUROPE

## CONSIDERÉ DANS UN ETAT DE CRISE.

### AVEC UN AVERTISSEMENT AUX ALLIEZ

## SUR LES CONDITIONS DE PAIX

Que la France propose aujourd'huy.

*Neque Legati audiendi, neque Conditiones accipienda sunt ab iis, qui per dolum atque insidias, petita Pace, ultrò Bellum confe-runt. Cæsar. lib. 4. de Bello Gall.*

PAR L'AUTEUR de la Réponse au Discours de Mr. de Rebenac.

À COLOGNE,

Chez FELIX CONSTANT, à l'Enseigne de l'Union couronnée. l'An 1694.

# LE SALUT
## DE
# L'EUROPE,

Considéré dans un

## ÉTAT DE CRISE

AVEC UN

## AVERTISSEMENT

## AUX ALLIÉS

SUR LES CONDITIONS

## DE PAIX

*Que la France propose aujourd'hui.*

*Neque legati audiunt, neque Cordubenses*
*... ab iis, q... a dicere*
*... pitta face, ullo d... ...*
*... Caesar. libr. ... de B. lib. C.M.*

PAR L'AUTEUR de la Réponse au
*Discours de Mr. de Robespierre.*

A GOSLAR.

Chez Frédéric comme..., ... , pres
de l'Eglise cathédrale. D. 1797.

# AVIS AU LECTEUR.

CE petit Discours auroit été donné en public il y a deux mois ( car il a été achevé quinze jours aprés que les secondes Propositions de paix ont paru ) sans une contestation qui est survenuë sur le sujet dont il traite. On voit tous les jours, que suivant les differentes veües, dont un objet se presente à l'Esprit, il s'en forme aussi de differentes Idées dans le jugement ; & c'est ce qui produit la diversité d'opinion, d'ou naît la dispute. Quelques-uns ont trouvé à redire, qu'on y eût étalé les avantages de la Monarchie de France, au préjudice des Etats, qui sont en Guerre avec elle; de peur, disoient-ils, que la consideration du danger, bien loin de réveiller le Courage des Alliez, ne servît plûtôt à l'abbatre

par la crainte d'y succomber : & il est
certain, que cette raison n'est pas sans
fondement ; car à considerer ces avantages dans toute leur étenduë, il y a
dequoy en concevoir de tres-vives appre-
hensions. Mais on peut dire aussi, que
plus le mal est pressant, plus le secours doit être prompt; & que si l'Europe se trouve aujourd'huy dans une
Crise, qui doit decider de son sort, il
luy est tres-important de connoître la
malignité de sa maladie, afin qu'elle
entre d'autant plûtôt dans la necessité
de se prévaloir du remede, que la con-
jonctture d'une si puissante Ligue luy
presente, & qui est le seul capable de
la guerir, si elle y joint la constance,
& des efforts proportionnez. On n'a pas
été surpris, que la France eut fait son-
ner aussi haut qu'il luy a été possible,
l'ambition de la Maison d'Austriche sous
Charle V. & sous Philippe II. parce que
sa grande puissance pouvoit alors donner
de l'ombrage à tous ses Voisins : Mais
on auroit dû changer de sentiment à son
égard sous les Regnes suivans; puisque
la France s'y est tellement élevée, que
cette

cette Auguste Maison a eu peine à se soutenir contre la violence de ses attaques, & de celles d'une infinité d'Ennemis, qu'elle luy a suscitez : cependant on a vû, que cette Couronne n'a pas laissé de faire valoir ces vaines impressions dans toutes les Cours, & cela par mille illusions, dont elle a tellement ébloüi les Esprits, qu'en decouvrant elle-même une ambition insatiable de s'aggrandir; & la poussant par les voyes les plus criminelles, & les plus scandaleuses, elle a seu en faire réjaillir tout le blame sur sa Rivale. Que s'il y à eu de l'injustice, & même de la foiblesse, de donner dans ces illusions, qui ont été si fatales au repos de toute la Chrêtieneé, peut-on concevoir sans indignation, qu'à present que cette Couronne se trouve dans une Guerre, où elle est entrée de gayeté de cœur, & dans laquelle elle soutient ses avantages avec tant d'éclat, & de reputation, elle ose recourir aux mêmes artifices en Italie, en Allemagne, & dans le Nort, afin de déconcerter une Ligue, que la justice & la necessité ont formée contr'elle, & qui est la seule ré-



source

source, qui reste à l'Europe, pour se
delivrer de ses fers. C'est pour détruire
ces artifices, que l'Auteur est entré dans
le dessein de cet ouvrage ; & comme il
n'a eu en veüe que le bien public, il es-
pere de son Lecteur, qu'il ne luy refuse-
ra pas une attention particuliere sur les
faits, & sur les raisons, qu'il y alle-
gue, & un jugement équitable, & des-
interessé, quant à l'impression, qu'ils
doivent faire sur son Esprit.

# LE SALUT
## DE
# L'EUROPE
### CONSIDERÉ DANS UN
### ÉTAT DE CRISE.

IL y auroit lieu de s'étonner, que la France propose la Paix au milieu de ses Victoires, si l'Histoire de ce Regne ne nous apprenoit par une funeste experience, que la Paix luy a plus servy à avancer les Conquêtes, que la Guerre même. Ainsi ce sera merveille si quelque Autheur François ne nous fait un jour remarquer par une fausse plaisanterie à l'imitation de Ciceron. (a) que c'est à force de Paix, & de Ruptures, qu'elle sera enfin parvenuë à la Monarchie Universelle, où l'on voit qu'elle tend à pleines Voiles. Mais ce qu'il y a de plus outrageant dans sa conduite, c'est que non contente de violer tous les Traittez, elle ne fait plus d'invasion, qui ne soit accompagnée des cruautez les plus énormes; comme si aprés s'être mise au dessus de tout Droit

A 4    di-

(a) *Noster populus, Sociis defendendis terrarum jam omnium potis est.* De Repub. 3. in fragm.

divin, & humain. Elle se croyoit authorisée à suivre impunement tous les mouvemens de fureur, & d'impieté, que son Genie
luy inspire. Le fer, le feu, la profanation, &
tout ce qui se peut imaginer de la licence la
plus debordée du Soldat, y sont employez,
pour ravager les Païs, où les Armées peuvent
pénétrer. Nulle consideration pour l'âge,
ni pour le sexe ; nulle distinction pour aucune dignité Ecclesiastique, ou Seculiere ; nul
respect pour la Sainteté des Lieux, & pour
ce qu'il y a de plus Sacré dans la Religion.
Rien ne doit demeurer en être, que ce qu'elle est seure de garder ; de sorte que s'il y a
une Paix à esperer avec elle, ce ne peut plus
être, que de celles dont parle Tacite (a) qui
font les suites malheureuses d'une desolation
générale. Il seroit superflu d'entrer dans le
détail de ces ravages, & de ces cruautez ;
tant à cause que les exemples en sont tout re-
cens, que parce que le recit n'en pourroit donner qu'une Idée fort imparfaite. On y re-
marquera seulement, que si les effets en
sont pernicieux, les consequences ne se font
pas moins pour tous les Etats de l'Europe,
& sur tout pour ceux, qui par leur situation
y sont le plus exposez ; car il ne s'agit pas
icy de desordres suivis dans la chaleur de l'a-
ction, comme il en arrive dans toutes les

Guer-

______

(a) *Auferre, trucidare, rapere falsis no-*
*minibus Imperium, atque ubi solitudinem fa-*
*ciunt, Pacem appellant.* Tac. Agric. 30. 7.

Guerres : les Ordres de la Cour y ont été
précis ; les Généraux ont dû presider à l'execution ; & s'il y en a eu qui s'y soient relâchez
par l'indignité du Crime , ils en ont été punis séverement pour l'exemple. Ce qui marque en elle un dessein formé de diriger à l'a-
venir toutes ses Conquêtes sur les maximes
des Nations les plus Barbares.

Les Traitez de Westphalie, & des Pire-
nées auroient dû borner l'Ambition de cette
Couronne, si elle étoit capable de souffrir
des bornes : car elle y obtint des avantages,
auxquels toute l'Europe auroit dû s'opposer, & qui pour avoir été negligez luy ont
attiré tous les maux, dont elle a été affligée
depuis. Le Suntgaw, & le Landgraviat
d'Alsace, qui luy furent cedez par le premier,
avec les importantes Places de Brisac, & de
Philipsbourg ; non seulement avancerent sa
Frontiére jusqu'au Rhin ; mais même luy
donnerent entrée en Suabe, & en France-
nie. Les Cessions, que l'Espagne luy fit par
le second, furent encore plus considerables ;
car celle de Thionville, de Montmedy, &
de Damvilliers luy ouvrit l'Archevêché de
Trèves, & le Duché de Luxembourg ; celle
d'Avenne, de Philippeville, de Landrety,
du Quesnoy, d'Arras, & de plus des deux
tiers de l'Artois, de Graveline, & de plusieurs autres Places au Pais-Bas, la mirent
à portée pour y continuer ses Conquêtes
avec plus de vigueur, & de succez ; & celle

A 5

dés

des Comtez de Roussillon, & de Conflans établit ses esperances sur l'Espagne même, qui luy fut ouverte par cet endroit.

Mais c'estoit trop peu pour cette Couronne, que d'avoir pris de tous côtez l'avantage de la Frontiere ; (a) l'ambition d'acquerir luy fit trouver du degout dans le plaisir de l'acquis ; & comme elle a joûjours conservé depuis le Regne de François I. un dessein formé sur l'Empire, ce luy fut assez d'y avoir les deux passages, que je viens de dire, pour y diriger dés lors toutes ses veües. Cependant il luy estoit dangereux de les decouvrir si tôt, car si quelques uns des principaux Membres, qui le composent, s'accommodoient de son voisinage, pour avoir ses secours à la main, en cas qu'il prît envie à l'Empereur d'attenter à leurs Privileges, aucun n'avoit interêt de tomber sous sa domination, dont on connoissoit assez la rigueur, & la violence. C'est pourquoy il fallut commencer par les Païs-Bas, dont la Conquête luy paroissoit plus facile, & de moins d'éclat ; & c'est ce qui a donné lieu aux diverses invasions, qu'elle y a faites. Or afin d'acheminer en même temps son grand dessein, elle recommença à chercher de tous côtez
des

(a) *Nunquam improba spei datur quod satis est : majora enim cupimus, quò majora venerint : ut flamma infinita vis acrior est, quæ ex majore incendio emicuit.* Senec. de Benef.

des Ennemis à l'Empereur , & à conspirer sa
perte par les voyes les plus noires , & les plus
detestables : ce fut dans cette vûë qu'elle en-
tra dans toutes les conjurations , qui se firent
contre sa personne , qu'elle luy suscita des
Rebellions en Hongrie , & qu'elle redoubla
les instigations à la Porte , pour l'obliger à
rompre avec luy. On a vû dans cette derniere Guerre les plus funestes effets de toutes
ces trames ; & s'il a plû à Dieu de les con-
fondre , on ne laisse pas d'y reconnoistre ,
qu'il n'a pas tenu à elle que la Hongrie , &
partie de l'Empire ne fût presentement entre
les mains des Infideles , dans la seule vûë de
s'emparer du reste.

Puisque je suis sur les infractions de cette
Couronne , je ne puis m'empecher de toucher celles , qui ont fait le plus d'eclat depuis
le Traité des Pyrenees , afin de faire voir
par les motifs, dont elle s'est servie, combien
ses artifices , & ses maximes sont dangereu-
ses au repos de toute l'Europe. A peine ce
Traité fut-il conclu , qu'elle se mit en devoir
de secourir le Duc de Bragance , qu'elle avoit
incité , & assisté à usurper la Couronne de
Portugal ; quoy qu'elle y eût promis solem-
nellement le contraire , & qu'en cette consideration elle y eût obtenu de plus grands
avantages. Le Maréchal de Turenne se trouva apparenté avec la pretenduë Reyne ; & ce
fut un pretexte pour y faire passer peu apres le
Comte de Schomberg avec des Troupes; ce qui

fit échoüer, tous les projéts de la Couronne d'Espagne : (a) On n'avoit pû , disoit-on, refuser ces Troupes aux priéres, & aux services du Maréchal. Ce ne fut pas assez ; les Païs-Bas joüissoient de la douceur d'une profonde Paix , & le Roy d'Espagne étoit en minorité , & le Gouvernement desuny par les factions de Don Jean d'Autriche. Autre conjoncture pour elle de signaler sa mauvaise foy ; elle leve une puissante Armée, elle l'exerce, & sur les ombrages, qu'on en prend à Madrid, & à Rome , elle y fait protester par ses Ambassadeurs qu'elle n'a aucun dessein sur les Etats du Roy d'Espagne. On se repose sur des assurances positives ; puis dans le tems que toute l'Europe est a deviner sur qui doit tomber cét Orage , on le voit fondre tout à coup sur les Païs-Bas, & y porter de tous côtez la terreur, & la désolation. Mais on avoit tort , selon le Manifeste, de considerer cette invasion comme une rupture : (b) Le Brabant estoit devolu à la Reine de France suivant une Loy du Pays, qui en adjuge la proprieté à l'Aîné des Enfans ; & le reste du Pays-Bas estoit une dependance. On eut beau refuter par une réponse l'injustice, & l'indignité de la pretension, la force luy tint lieu de Droit;

&

(a) *Perfidos nunquam causa deficiet, cur puniti non sint.* Livius lib. 9. dec. 1.

(b) *Et semper aliquam fraudi speciem Juris imponunt.* Idem. Ibid.

& sans les Ligues, qu'elle vit se former de toutes parts, pour arrêter le cours impetueux de ses Conquêtes, elle n'auroit jamais consenti à la Paix : cependant les conditions en furent telles, que retenant plusieurs grandes Places, qui avoient servy auparavaut de Frontiere, il luy a été fort aisé depuis d'y continuer les Progrez, que nous avons vûs.

Les avantages, que la France acquit par ce Traité, qui fut celuy d'Aix la Chapelle, luy firent prendre l'essor, pour passer à des entreprises plus éclatantes, & plus difficiles : (a) car ayant reconnu, que ses Conquêtes aux Pays-Bas avoient extrémement allarmé les Provinces Unies, & qu'elles ne manqueroient pas de s'opposer à toute invasion qu'elle y pourroit faire dans la suite, elle se mit en tête de les prévenir en les attaquant elles-mêmes. Ces Provinces avoient toûjours demeuré fideles dans son Alliance depuis leur soulevement contre l'Espagne, & luy avoient même servi très-utilement à abbaisser la puissance de cette Monarchie, par les longues diversions, qu'elles avoient faites de ses forces par terre, & par mer, dont elle avoit recueilli tout le fruit. Mais il n'y eut aucune consideration, qui pût arrêter ses pernicieux desseins, ces mêmes Provinces l'avoient mise en état de leur faire du mal, & c'étoit une raison assez

(a) *Novis siti ad alia aliaque properans.* Plut. in Pirrho.

forte pour leur en faire. Ainſi aprés avoir engagé le Roy d'Angleterre, l'Electeur de Cologne, & l'Evêque de Munſter dans cette entrepriſe, & s'être emparée par pré- caution de la Lorraine, afin de ne rien laiſſer en arriere, qui pût l'inquieter, on la vit fondre avec toutes ſes forces ſur ces Provin- ces; & le ſuccez en fut tel, que ſi le Roy d'Angleterre ne ſe fût relaché ſecretement, & qu'il ne leur fût venu des ſecours des Pays- Bas Eſpagnols, & de l'Empire, elle auroit achevé de les terraſſer; car les intelligences, qu'elle avoit au dedans, ne contribuoient pas moins à leur perte, que la proſperité de ſes Armes. Enfin la fortune s'étant changée par les diverſions, qui ſe firent en leur fa- veur, & la France voyant de l'impoſſibili- té à y garder ſes Conquêtes; on la vit changer tout à coup de batterie, & paſſant des plus cruelles hoſtilitez aux plus tendres careſſes, ſe faire un merite envers elles de les leur reſtituer toutes en un jour, afin de tourner toutes ſes Forces ſur les Pays-Bas Eſpagnols, où il y en avoit à faire de plus utiles à l'Etat. Cette Guerre, où l'Empe- reur, le Roy d'Eſpagne, les deux Couron- nes du Nort, & pluſieurs Princes de l'Em- pire intervinrent, auroit ſans doute incom- modé la France, à qui la partie étoit de- venuë inégale, ſi elle ne ſe fût prévaluë de divers artifices, pour déconcerter l'Harmo- nie de la Ligue. Elle avoit trompé l'Angle-

terre

terre dés le commencement de la Guerre,
en ce que s'étant obligée par Traité à luy
ceder les Places Maritimes de Hollande, & de
Zelande, elle dirigea tous ses desseins aux conquêtes de terre, parce qu'elles luy devoient
rester : & comme si ce n'eût pas été assez,
pour faire entrer cette Couronne en soupç-
on de ses veües, elle s'étoit mise en état de
tourner ses secours à la propre perte : car au
lieu que sa Flotte, qui étoit jointe à celle
d'Angleterre, pour combattre celle de Hollande, devoit être principale dans l'action,
elle prit le large, & les laissa entrebattre à
loisir ; d'où l'on connut manifestement,
qu'elle ne songeoit, qu'à ruiner les Forces
Maritimes des deux Nations, afin de devenir Dominante sur mer, comme elle l'étoit
déja sur terre. Ce trait de perfidie aigrit ex-
tremement les Anglois, & il eût été facile
de les porter dans cette chaleur à rompre
avec elle, si ceux, qui moyennoient la
Paix entre ces deux Puissances, eussent secondé leur animosité. Enfin la Paix s'étant
faite entr'elles, & Charles II. s'étant rendu
Mediateur de celle, qui étoit à faire entre
la France, & les Alliez, cette Couronne,
qui l'avoit engagé de longue main dans ses
Interêts, & qui le gouvernoit par les voyes
que tout le monde sçait, fit un Traité se-
cret avec luy, par lequel elle s'obligeoit à
luy payer dix-huit millions de livres, pourvû qu'il luy procurât une Paix avantageu-
sui-

suivant les Conditions dont on étoit convenu ; & c'est ce qui a paru depuis par les
Negociations de Milord Montaigu , pour
lors Ambassadeur en France, dont les Actes
en Originaux ont été découverts, & leus
dans la Chambre Basse du Parlement d'Angleterre : mais la France ayant porté dans
la suite de la Guerre les Hollandois à une
Paix séparée , elle ne voulut pas seulement
entrer en payement du premier quartier de
cette somme , alleguant que c'étoit aux
Hollandois , & non à luy , qu'elle avoit
l'obligation de ses avantages ; & c'est ce qui
picqua tellement ce Prince , qu'il envoya
d'abord ordre à ses Troupes de se joindre
au Prince d'Orange pour le secours de
Mons , qui étoit aux abois , comme en
effet elles se mirent aussi-tôt en marche
pour cette execution : quoy qu'elles n'y
fussent pas venües à tems. Cependant le
Traité particulier de la France , & de la
Hollande étoit conclu , & signé ; & ce fût
ce qui acheva de broüiller les Alliez. On
étoit assemblé pour la Paix à Nimegue , où
chaque Puissance qui y avoit part , avoit ses
Ministres : or comme les divers interêts,
qui avoient formé la Ligue, y avoient aussi
formé la diversité des Pretensions , il luy
fut aisé en traitant séparément avec les uns,
& les autres , de sémer entre eux la défiance : ainsi tandis que chacun d'eux travailloit
à tirer à soy l'avantage du Traité , tous
tom-

tombérent dans la necessité de se relâcher,
de peur d'être prévenus : de sorte que s'é-
tant renduë Maîtresse des Conditions, par
cette voye, il fallut se contenter de celles
qu'il luy plut de donner ; au lieu que si l'on
se fût tenu ferme, & uny, elle auroit peut-
être été contrainte d'accepter, celles qu'on
luy auroit voulu prescrire. Et c'est ce qui
doit servir de leçon pour toute Negociation,
où l'on entrera dorénavais avec cette Couronne, sur tout lors que tant de Parties y
devront intervenir.

Mais ce mal ne fut rien en comparaison
de ceux qui en resulterent : car la France se
trouvoit par cet heureux succez au comble
de ses esperances, il n'y avoit point d'endroit
à portée, qui ne fît éprouver les funestes
effets de sa violence, & de son ambition.
Le Roy d'Angleterre étoit dans ses Interêts,
les Provinces Unies lasses de la Guerre, &
épuisées, l'Espagne dans l'abbatement aux
Païs Bas ; l'Electeur de Brandebourg, &
plusieurs Princes de l'Empire, mécontens,
l'Empereur occupé dans les Revoltes d'Hongrie, & à la veille de se voir engagé dans
une Guerre avec le Turc, à quoy elle travailloit par ses instigations à la Porte : de
sorte qu'il sembloit pour lors, que tout con-
spirât à son aggrandissement. (a) Aussi
ne

(a) Fortuna vis licentiam victa, poeni-
ciosa libidine mortales agit. Autel. Victor
de Cæs.

ne manqua-t'elle pas de se prévaloir de la conjoncture ; car il est certain, qu'elle fit plus de conquêtes, qu'elle n'auroit peut-être fait en dix ans de Guerre ouverte. Je me m'étendray point icy sur le détail de toutes ses usurpations, ni à en faire voir l'in-justice, & l'indignité, parce que, d'autres l'ont fait avant moy : il suffit de faire re-marquer icy, que l'usurpation y fut si géné-rale, & si authorisée, qu'il n'y eut person-ne dans le Royaume, qui ne voulût s'y lig-naler. Les Gens de Plume s'y distinguerent par mille inventions monstrueuses de chica-ne, & de violence, qui parurent sous le nom de Dependances, & de Reunions, en qnoi ils se porterent si vaillamment, ou pour mieux dire avec tant d'insolence, qu'ils firent taire toutes les Loix anciennes, & nouvelles ; & c'est ce qu'on y appelle enco-re aujourd'huy par excellence les Conquêtes du Parlement de Metz. Les Gens d'Eglise firent encore plus à mon avis ; car pour faire quelque chose d'éclatant dans leur pro-pre Sphére, ils attenterent, l'Archevêque de Paris à leur tête, sur les Droits du S. Siege & de l'Eglise, pour les sacrifier à la vanité du Gouvernement ; & c'étoit tout ce que l'on pouvoit attendre d'eux en fait de con-quête. Ensuite que ne pourroit-on pas dire icy de ses Hauteurs, & de ses Violences dans ce tems de petulance, & de rapine; Amis, Alliez, Ennemis, tout y fut traité

de

de même ; & s'il y eut de la distinction
ce ne fut que par la difficulté de nuire, où
par la crainte du retour. On ne sçauroit
reflechir sans horreur sur l'énormité du pro-
cedé, qu'elle y tint à l'égard du Pape In-
nocent XI. ; car il n'y eut jamais de persecu-
tion ni plus atroce, ni plus scandaleuse : ce
Saint Pape fournissoit des secours à l'Empereur, & à ses Alliez contre les Infideles, &
c'étoit son crime : mais de quoy n'est-elle
pas capable, lors que libre de toute crainte,
elle mesure son droit par sa puissance ; on
ne peut mieux le concevoir que par ces paroles de Jornandes (a) *Optat mundi generale
habere servitium, causas prælii non requirit,
sed quidquid commiserit huc putat esse legiti-
mum... Ambitum suum brachio metitur, su-
perbiâ tumentem satiat, jus fasque contem-
nens hostem se exhibet naturâ cunctorum.*
Telle est la France en peu de mots, & telle
sera-t-elle aussi long tems, que la fortune
lui sera favorable.

Enfin ce ne fut pas assez à cette Couronne d'avoir pillé, & saccagé partie des Pays-
Bas, d'avoir usurpé tous les Fiefs d'Empire qui s'étoient trouvez de sa convenance le
long du Rhin, & de la Moselle, de s'être
mise en possession de Casal, qui lui auroit
esté disputé en tems de Guerre, comme
étant de si grande consequence à toute l'Italie, de s'être emparée de Strasbourg par in-
telli-

(a) *Lib. de rebus Get.*

telligence, & d'avoir pris Luxembourg de
vive force ; Places dont l'importance est si
connüe : ny aussi que l'Empire pour venir à
une Treve avec elle ; comme elle l'en avoit
recherché, luy eût cedé la joüissance pour
vint ans de ces deux dernieres Places, & de
tout ce qu'elle avoit usurpé sur ses terres depuis le Traité de Nimegue ; ny enfin que
pour l'obliger davantage à observer cette
Treve, il luy eût laissé bâtir des Forteresses
dans les endroits les plus propres pour s'en
assurer la proprieté, quoy qu'à son preje-
dice, & contre la teneur du nouveau Traité. Les Turcs, que (les Armes Imperials
avoient repoussez jusques sous le Canon de
Belgrade, se plaignent de ce qu'elle les a-
bandonne ; & luy representent que s'ils
viennent à perdre cette Place, ils seront
contraints de faire la Paix avec l'Empereur,
pour sauver le reste de leur Empire, qui seroit découvert jusqu'à Constantinople D'a-
bord l'allarme se répand à la Cour, on
presse les nouvelles Fortifications, on rem-
plit les Magazins, on fait marcher les Troupes en toute diligence vers le Rhin ; & l'on
n'apprend pas plutôt la prise de Belgrade,
que voila Philipsbourg assiegé, & tous les
Pays voisins abandonnez au feu, & au pillage : je ne m'étendray pas davantage sur
les suites, puisque j'en ay parlé auparavant.

Tels ont esté les fruits du malheureux
Traité de Nimegue ; d'où l'on peut con-

notre

noître que, de la manière dont la France
lçait se prévaloir de toute occasion de s'aggrandir, il n'en faudroit plus qu'un de cette
trempe, pour la mettre au comble de ses sou-
haits. Mais de toutes ses invasions il n'y en
a point eu à mon avis, de plus indigne, ny
de plus scandaleuse, que la dernière ; rompre de gayeté de cœur une Tréve avec l'Empereur, & l'Empire, qu'elle avoit recher-
chée elle-même, & dont elle avoit tiré de si
grands avantages ; la rompre pour profiter
de l'éloignement des Troupes Imperiales,
qui étoient occupées au fond de la Hongrie,
contre l'Ennemy du Nom Chrétien, & pour
satisfaire en même tems à ses engagemens
avec celuy-cy, qu'elle vouloit tirer du precipice ; sacrifier par cette Rupture un Roi Catholique, qui lui étoit dévoüé, & qu'elle
voyoit à la veille de succomber à un soúleve-
ment général en haine de sa Religion, &
de son Alliance avec elle ; puis laisser écha-
per l'occasion, qu'elle a eu en main pendant six mois de tems de le rétablir sur le
Trône, avant que le Prince d'Orange eust
été placé, pour ne pas perdre celle de continuer ses Conquêtes : c'est une conduite
que les Historiens de France ne justifieront
jamais, quelque tour qu'ils luy puissent
donner ; du moins, toute ambition à part,
quand il n'y auroit que le blâme d'avoir
preferé le salut des Infideles à celuy du Roy
d'Angleterre ; c'est ce qui ne se peut sauver par

aucune raison legitime. Il y auroit plusieurs autres circonstances aggravantes à ajoûter icy, pour faire mieux connoître l'indignité du fait ; mais comme on en a déja parlé dans un Imprimé, qui a servi de Reponse à un Discours tenu au Pape, il y a deux Ans, par Mons. de Rebenac, j'y renvoyeray le Lecteur.

Ces continuelles infractions de Paix, & les cruautez, dont les invasions ont été suivies, font voir à l'œil, qu'il n'y a plus aucune seureté à traiter avec la France, (a) à moins que les Traitez ne soient tels, qu'ils donnent des bornes à son ambition ; & c'est ce qui fait la difficulté : car si les cinq precedens n'ont servy qu'à la mettre plus en état d'usurper sur ses Voisins, ce seroit se tromper, que d'esperer du changement dans le sixiéme ; à quoy l'on doit encore ajoûter cette consideration, qu'ayant reconnu ses forces dans cette Guerre, elle y gardera moins de mesures que jamais. Tout le monde auroit crû qu'elle s'exposoit à sa perte en rompant avec l'Empereur & l'Empire, en s'attirant subsecutivement la Guerre avec l'Espagne, & en la declarant aux Provinces Unies, à l'Angleterre, & au Duc de Savoye, afin d'allarmer en même tems l'Italie, comme si elle eût voulu tourner à sa gloire de faire un deffy si general, & si public aux Puissances les plus re-

(a) *Queis nea ara, nec fides, nec ulla firma pactio est.* Aristoph. Achar.

redoutables de l'Europe: cependant les éve-
nemens ont fait voir, qu'il n'y avoit point
de temerité dans cette entreprise, puis qu'il
ne s'est point passé de campagne, où elle ne
leur ait pris de grandes Places, & où elle
n'ait remporté sur eux quelque Victoire. On
n'a pû connoître jusques où s'étend la grandeur de ses Forces que par cet endroit, &
c'est même un bonheur pour toute l'Euro-
de, qu'on ait appris à le connoître dans un
tems où on peut encore l'abbaisser, si l'on
veut se prevaloir de ses avantages. Or afin
que l'on puisse mieux concevoir la necessité
de cet abbaissement, il est à propos de faire
voir en abbregé, quels sont ses avantages sur
tous les Etats, qui y sont le plus interessez,
d'où l'on pourra juger, que si l'on n'y fait les
derniers efforts dans cette Guerre, rien ne la
pourra plus empêcher de parvenir à la Monarchie Universelle.

Quelque grande Idée, que l'Histoire des
Siecles passez, & l'experience du present nous
ayent donné de la puissance de la Monarchie
de France, on ne sçauroit la concevoir juste,
si l'on ne considere avec attention toutes les
raisons, qui y servent de fondement; car il y
a à remarquer, non seulement une solidité de
consistence, qui la rend inébranlable à toutes
les attaques du dehors, mais même un principe d'accroissement, qui la porte par degrez
à une élevation, que tout le monde doit apprehender: laissant donc à part tout ce qu'il

y auroit à dire sur l'avantage de sa situation,
sur la fertilité de son terroir, & sur le genie de
la Nation, comme une chose, dont il y a peu
de gens qui ne soient informez, je feray seulement observer icy, qu'il n'y a point eu de
Monarchie, qui ait souffert des secousses plus
violentes, & plus frequentes que celle-là, ny a
qui s'en soit tirée avec plus de bonheur, &
d'avantage, & c'est ce qui doit convaincre
tout le monde de l'excellence de sa consti-
tution, en effet à peine s'est-elle tirée d'un
desordre interieur, qu'elle a pris plus de lu-
stre au dedans, & au dehors, semblable à
ces Corps d'une complexion solide, & vi-
goureuse, où la violence du mal ne sert qu'à
réveiller les forces de la nature, & à leur
donner plus de mouvement, pour le dissiper; je n'en rapporteray icy que quelques
exemples tirez des trois derniers Siécles de
son Histoire, comme ayant plus de rapport
au fait, dont il s'agit icy.

Il n'y avoit personne, qui ne crût cette
Monarchie toute prête à tomber, lorsque le
Roy Jean fût pris par les Anglois à la Bataille de Poitiers, ceux-cy maîtres de la
Campagne, & en possession de la Guyenne depuis longtems, le Roy de Navarre
d'intelligence avec eux, & la Capitale du
Royaume revoltée contre le Daufin, cependant les Anglois ne s'étant pas prévalus
de leur Victoire, contens de l'honneur du
Triomphe, & Paris étant rentré dans l'o-
beïs-

beïssance, elle se rétablit en trés-peu de têms.
Le Roy Jean fut relâché par le Traité de Bre-
tigni; & Charle V. son Fils & son successeur
se rendit lui même si redoutable aux Anglois,
qu'il les répousa jusqu'aux portes de Bordeaux

La Monarchie se trouva dans un danger
beaucoup plus grand sous le Regne de Charle VI. car ce Prince étant tombé en frene-
sie, les querelles particulieres des Ducs d'Orleans, & de Bourgogne y allumerent un
feu, qui pensa la consumer. Le dernier
ayant fait assassiner le Duc d'Orleans, &
ayant esté assassiné ensuite par ordre du Daufin, Philippe son Fils remit toutes les Places
de sa faction entre les mains des Anglois, &
la Reyne qui gouvernoit l'Etat, picquée
contre le Daufin son Fils, en hayne de cet
assassinat, le fit desheriter en plein Parlement, & declarer le Roy d'Angleterre (à
qui elle avoit donné sa Fille) Heritier de la
Couronne. Une révolution si generale, &
si authorisée ne laissoit plus d'esperance au
Daufin, que les Anglois appelloient par
mépris le Roy de Bourges, parce qu'il n'y
avoit que cette Ville, qui lui fût demeurée
fidele. Mais admirons icy le bonheur de la
Monarchie ! Dans le têms que le Roy d'Angleterre se croyoit le plus seur de la succession, une Fille connüe dans l'Histoire sous
le Nom de Pucelle d'Orleans, & que le Ciel
avoit sans doute suscitée, se presente au
Daufin, le rassure, le conduit à Rheims


mal-

malgré toutes les oppositions des Anglois, l'y fait couronner, & l'établit sur le Trône; & ce qui est encore plus surprenant, c'est que ce Prince poussa depuis si loin les Victoires, qu'il chassa les Anglois du Royaume, où il ne leur resta plus de leurs anciennes Conquêtes, que la seule Ville de Calais.

Je ne diray rien icy des Guerres Civiles, qu'il y eut sous Louis XI. & qui causèrent tant de desordres dans le Royaume: le bien public en fut le pretexte, & l'ambition des Ducs de Bourgogne, de Bretagne, & de Berry la cause véritable: mais comme il est malaisé de faire valoir aux Peuples un pretexte de bien, lors que les desordres de la Guerre ne leur presentent, que la realité d'un mal, il s'en tira heureusement; & ayant trouvé moyen d'abbaisser par ses pratiques tous les Grands, qui faisoient ombre à l'authorité Royale, il mit Charle VIII. son Fils en état d'entreprendre des Conquêtes au dehors. Ce qui fait voir, que cette Monarchie n'a pas été plutôt tranquile au dedans, qu'elle a commencé à se rendre redoutable à ses voisins. En effet le Regne de Charle VIII. & ceux de Louis XII. & de François I. qui le suivirent, se passèrent tous en des Guerres étrangeres; il n'y en avoit point au dedans, (a) & il en falloit à l'Etat.

(a) *Nulla magna Civitas diu quiescere potest, si foris Hostem non habet domi inveniet.* Livius 30. 44. 6.

l'Etat, pour occuper la petulance de la Nation, qui a besoin de frequentes saignées. Cette raison ne s'est que trop verifiée dans la suite; car elle est passée en maxime fondamentale, & c'est ce qui a causé, & causera toûjours tous les maux de l'Europe.

La defaite, & la prise de François I. devant Pavie, fut une nouvelle secousse pour la Monarchie; mais si les premieres l'avoient si peu ebranlé, celle cy le fit encore moins: car le Royaume étant tranquille, & l'authorité Royale mieux affermie, que sous les Regnes precedens, elle étoit en état de parer à toutes les attaques du dehors. Ce qu'il y a à remarquer icy est, que l'Empereur Charles V. ne tira qu'un fruit fort medecre de cette grande Victoire, quoy que sa puissance fût formidable, & unie; comme ayant joint la dignité Imperiale à la Couronne d'Espagne, avec tous les Etats qui en dependent, & étant d'ailleurs un des plus grands Capitaines de son tems; car outre que la France demeura en son entier, François I. ne fut pas plutôt relaché, qu'il recommença la Guerre contre luy plus vigoureusement qu'il n'avoit encore fait; & ayant sçu attirer dans son party le Pape, les Princes d'Italie, le Roy d'Angleterre, & le Grand Seigneur même; il luy causa tant de traverses, que la fortune de ce grand Empereur commença à chanceler. Les Etats de l'Europe suivoient en ce tems là leur veritable interet,



qui

qui étoit de tenir l'équilibre entre la Maison d'Autriche, & celle de France, qui étoient les deux Dominantes ; & c'est ce qui faisoit leur sûreté : heureux s'ils ne s'étoient pas si fort relâchez dans la suite, en faveur de la derniere.

Les Guerres Civiles, qui s'allumerent en France sous le Regne de François II., & qui durerent sous ceux de Charle IX., de Henry III., & une bonne partie de celuy de Henry IV., ne furent pas moins pernicieuses à l'Etat, que s'il eût esté en proye aux Nations étrangeres. Le Royaume se trouvoit partagé en deux partis, dont les avantages étoient presques égaux ; l'un des Catholiques, que les Roys soutenoient sous la direction des Princes de la Maison de Loraine ; & l'autre des Huguenots, dont le Roy de Navarre, & le Prince de Condé étoient les Chefs. Or comme il n'y a point de prétexte, ny plus plausible, ny plus efficace pour exciter les Peuples, que celuy de de la Religion, l'on ne vit dans ces longues Guerres que Batailles, que Massacres, que prises, & reprises de Villes, & que saccagemens de Provinces. Enfin l'Espagne y étant intervenue aprés la mort de Henry III., pour empêcher, que la Couronne ne tombât entre les mains du Roy de Navarre, qui étoit Huguenot, & Chef du party ; & ce Prince, qui y avoit droit, considerant, qu'il n'y avoit autre moyen d'y parvenir,

qu'en

qu'en se faisant Catholique ; il n'eut pas
plûtôt abjuré son Heresie, que les deux Partis se rangerent à son obeïssance ; ce qui
changea tellement la face de la Monarchie,
qu'elle commença dès lors à devenir redoutable à tous les Voisins.

En effet Henry IV, ne fut pas plûtôt pai-
sible sur le Trone, qu'il reprit toutes les
brisées de François I. ; la Maison d'Autriche luy étoit en veüe, tant à cause de sa
puissance, qui balançoit la sienne, que parce qu'il ne pouvoit s'aggrandir, que sur ses
debris ; & ce fut ce qui luy fit concevoir le
dessein chymerique de sa Republique Chré-
tienne : car ayant partagé dans son Idée toute l'Europe en quinze parties presques égales, qui devoient former chacune un Etat
separé ; la part, qu'il luy laissoit, se trouvoit reduite au seul Continent d'Espagne. Or
affin d'encourager toutes les puissances, qui
devoient profiter de ce Partage, à se joindre
à luy pour l'execution, il mit sur pied une
Armée de cinquante mille hommes, avec un
fond de cinquante millions pour les premiers fraix de la Guerre ; mais sa mort fit
échoüer ce Projet aussi injuste, que ridicule.
Je ne me suis arrêté sur cét endroit, que
pour faire voir qu'il en est de la France,
comme de la Salamandre ; car si celle cy se
nourrit dans le feu, l'autre s'épure, & se
renforce par la Guerre, avec qui cét élement
a tant de rapport. Tout autre Royaume auroit

roit eu besoin de repos aprés de si longues
& de si rudes agitations ; mais ce qui est
propre à d'autres, est contraire à celuy cy ;
la Nation s'étoit aguerrie dans les Guerres
Civiles, il y avoit quantité d'humeurs émües
dans le Royaume, qui se seroient fermen-
tées dans le repos ; ainsi l'evacuation étant
necessaire, elle ne se pouvoit faire plus utilement pour l'Etat, que par une Guerre
étrangere. (a) C'est dans le même esprit,
que l'Amiral de Coligny avoit pris la liberté de dire au Roy Charle IX., qui ne vouloit pas se broüiller ouvertement avec l'Espagne, que s'il ne faisoit la Guerre à cette
Couronne, il la luy feroit luy même ; il
parloit au nom des Huguenots, dont il
étoit Chef, & il étoit homme à tenir sa parole.

Je finis ces remarques par les broüilleries,
qu'il y eut en France sous le Regne de Loüis
XIII., car c'est sous celuy-cy que la Monarchie a commencé à se rendre si redoutable par sa puissance, & par ses Conquétes au
dehors. On peut dire, qu'il y a eu peu de
Regnes plus troublez que celuy-cy ; le soulevement des Princes du Sang, & des Grands
du Royaume, contre la faveur du Maréchal
d'Ancre, y suscita la premiere Guerre in-
testine ; & celle-cy ne fut pas plutôt esteinte,
que

(a) *Milites spargi per Provincias, &*
*Bello externo alligari, pars consilii pacifique*
*sit.* Tac. Hist. 3. 46.

que les mécontentemens de la Reyne Mere
en allumerent une autre : celle-cy, qui dura
peu, fut suivie du soulevement des Huguenots, qui en produisit une plus dangereuse
dans les Provinces Maritimes, & tint longtems les Forces du Royaume occupées au
dedans. Enfin ce party ayant esté dissipé,
ce Prince tourna toutes les veües au dehors,
pour ne pas laisser ses Armemens inutiles.
Les differens survenus en Italie, entre les
Ducs de Savoye, & de Mantoüe, touchant
le Montferrat, l'avoient déja engagé avec
l'Espagne, qui soûtenoit le premier : ainsi
se trouvant libre, il ne fut plus qu'à
susciter de toutes parts des Ennemis à la
Maison d'Autriche : les Grisons, & les
Princes Protestans d'Allemagne entrerent
d'abord dans le Party : & afin que rien n'y
manquât, on fut deterrer au fond du Nord
Gustave Adolfe Roy de Süéde, pour le mettre à leur teste. La reputation, qu'elle acquit dans cette Guerre, qui fut presque universelle, & les grands efforts qu'elle y fit,
pouvoient dés lors faire juger à tout le monde, quelle seroit sa puissance, lors qu'elle
auroit terrassé sa rivale : mais l'interêt de la
Religion Protestante, qu'elle avoit embras-
sé, & le souvenir de la Puissance de Charle
V, & de Philippe II, prevalurent en cette occasion : de sorte que par une erreur
presque générale, on luy laissa prendre le
dessus, & c'est ce qui a esté la source de

                                        tous

tous les maux, dont l'Europe a esté affligée depuis, comme je l'ai fait voir au commencement de ce discours. On remarque,
qu'elle entretenoit pour lors cinq gros Corps
d'Armée, un en Italie, un aux Païs-Bas,
un en Allemagne, un en Roussillon, & le
cinquiéme audedans du Royaume, pour
l'opposer aux soulévemens, que l'humeur
remuante du Duc d'Orleans y excitoit de
tems en tems. Ajoûtons à cette dépense celle des pensions, qu'il falloit payer ponctuellement à la Süéde, à la Hollande, & à divers Princes d'Allemagne, & d'Italie, pour
les tenir attachez à ses Interêts; celle de l'en-
tretien de la Marine, qui étoit devenuë considerable dans les deux Mers, & d'une infinité de Créatures, & d'Emissaires, que
l'on tenoit dans toutes les Cours, pour être
averty ponctuellement de tout ce qui s'y
passoit. Ces dépenses, & plusieurs autres
que j'obmets, pour éviter la longueur, mon-
toient à des sommes immenses, & cependant l'Etat ne laissoit pas d'y fournir, quoy
qu'il s'en fallût beaucoup, que les revenus
de la Couronne fussent pour lors aussi
grands, qu'ils sont à present: car ils ne pas-
soient pas les cinquante millions de livres;
au lieu que Colbert les a accrus sous ce Regne
de quatre-vint millions, & plus: outre qu'il
y avoit beaucoup de desordre dans l'admi-
nistration, à quoy l'on a remedié sous le
même Ministre. D'où l'on peut voir, que
tout

tout est devenu possible à la France, depuis que le Royaume a été assujetty à la violence du pouvoir arbitraire.

Il seroit superflu de parler icy des Troubles, qui survinrent sous la Minorité de Loüis XIV. qui regne aujourd'huy, quoy que les choses y fussent venües à une telle extremité, que si le Duc de Loraine, eût voulu s'entendre avec le Prince de Condé, le Roy y eût couru risque de sa Couronne. J'y feray seulement remarquer, que tandis que l'on se battoit au dedans pour le gouvernement de l'Etat, on ne laissoit pas de le soûtenir, & de l'étendre même au dehors par une Guerre avantageuse, contre l'Espagne. En effet, quoy que les Guerres Civiles se fussent souvent rallumées, les Armes de France ne laisserent pas d'être presques toûjours victorieuses aux Païs-Bas, & en Catalogne, & l'on en vit les effets à la Paix des Pyrenées. Une Guerre telle qu'étoit celle là, incommodoit peu la France, tant à cause qu'elle étoit proportionnée à ses Forces, que parce qu'elle donnoit sortie aux humeurs peccantes du dedans; & c'est ce qui fit resoudre la Couronne d'Espagne à la Paix, quoy qu'elle eût peut-être mieux fait de la continuer; car cette Paix ne servit qu'à luy faire perdre tout le credit, qu'elle avoit en France sous le nom du Prince de Condé, qui estoit dans son party, & à luy faire negliger les avantages



de

de ſes Armes ; au lieu que la France en tira
tout le fruit, non ſeulement par les conditions, qui luy furent ſi avantageuſes : mais
encore par la diſſipation de toutes les Cabales, qui l'avoient troublée ſi longtems : ce
qui la mit en état de pouſſer ſes grands deſſeins avec plus d'éclat, & de vigueur, comme on ne l'a que trop éprouvé depuis, par
toutes les Invaſions, dont j'ay parlé cy devant.

Je ne crois pas, qu'aprés ces deductions
il ſoit neceſſaire de prouver plus au long,
combien cette Monarchie eſt formidable
dans le degré d'élevation, où nous la voyons
aujourd'huy : car ſi la bonté de ſa conſtitution eſt telle, qu'elle a tourné à ſon avantage des maladies, qui auroient été funeſtes
à toute autre : de quoy n'eſt-elle pas capable à preſent que les cauſes de ces maladies
ſont retranchées, & que toutes les parties du
corps ſont formées à la Conqueſte. Il y avoit
autresfois des Etats particuliers dans le con-
tour du Royaume, qui non ſeulement luy
ôtoient partie de ſes alimens, mais même le
tenoient en de continuelles allarmes, par la
crainte d'une attaque : tels ont été dans les
derniers Siecles la Guyenne ſous les Anglois, & la Bretagne ſous ſes Ducs. A preſent ces mêmes Etats font partie de ſa ſub-
ſtance, & concourent comme tous les autres à l'accroiſſement de ſes Forces. Eſtant
devenue plus puiſſante, la Maiſon d'Auſtri-
che

che a arrêté quelque tems les grands efforts,
qu'elle a faits pour s'étendre ; & aujour-
d'huy ce sont ses usurpations sur cette même
Maison, qui luy servent d'echelle pour at-
teindre les Pays les plus éloignez, & y porter la terreur, & la desolation : car combien de Places fortes n'y a-t-il pas eu dans
les Provinces du Pays Bas, qu'elle occupe
presentement, dans le Duché de Luxembourg, le long du Haut Rhin, dans la
Comté de Bourgogne, & dans le Roussillon ? combien en Loraine, en Savoye, &
dans les avenues du Piémont ? toutes ces
Places étoient autant de digues, qui la re-
noient resserrée dans ses bornes, & même
autant de Postes avancez, pour porter chez
elle le feu de la Guerre, après le gain d'une
Bataille. Or ce sont ces mêmes Provinces
& ces mêmes Places, qui luy servent à present de Barriere contre toute invasion, &
de Ligne de Communication, pour en faire
de toutes parts sûr de nouveaux Voisins.
Enfin elle a souffert autrefois du soulevement des Huguenots, & de l'ambition des
Grands : à present le party Huguenot est
entierement terrassé, & l'on ne voit plus
chez elle qu'une Religion d'Etat, c'est à dire, qui ne tient de la Catholicité qu'autant
qu'elle s'accommode aux nouvelles maximes
du Gouvernement ; & pour ce qui est des
Grands, & des Princes du Sang même, leur
credit y est tellement abbaissé, qu'on ne

peu plus les considerer, que comme les plus illustres esclaves de la Cour : nulle authorité dans le Gouvernement, nulles prérogatives dans les Provinces; ce n'est qu'à force de servitude, qu'ils peuvent aspirer à un degré de distinction.

Cette différence du present au passé me conduit au Gouvernement, comme étant l'ame de l'Etat, & le maître ressort, qui y a donné un mouvement si rapide, & si étendu sous ce Regne, & sous le précedent. Le Cardinal de Richelieu, premier Ministre de Loüis XIII., & le génie le plus élevé de son tems, s'étant mis en tête de rendre la Monarchie florissante au dehors, il crut que cette même petulance de la Nation, qui en avoit arrêté si long-tems les progrez, y serviroit utilement, si l'on y pouvoit rapporter toute son animosité; & ce fut ce qui luy fit concevoir un Plan de Gouvernement tout different du précedent. Il avoit observé, que de toutes les Monarchies, il n'y a eu que celle des Ottomans, on qui il se soit trouvé une consistence plus solide, & plus suivie; puisque non seulement elle s'est toûjours conservée en son entier depuis son établissement; mais même n'a cessé de s'étendre, au lieu que les autres s'étoient détruites d'elles mêmes par le luxe, par le relâchement de discipline, & par l'ambition des Grands, du moment qu'elles étoient entrées dans l'inaction; ou avoient dû ceder à la for-

fortune d'un nouveau Conquerant : c'eſt pourquoy il luy prit envie de former celle de France ſur ſes principes : il ne la voulut pas purement Militaire comme celle là, parce qu'il y auroit eu des extrêmitez trop dangereuſes à apprehender dans une rêvolution ; outre que c'eût été en bannir les Arts, l'Induſtrie, & le Commerce ; d'où il falloit qu'elle tirât toutes ſes richeſſes : il y trouva donc un milieu, qui fut d'attacher à la Guerre la Nobleſſe, & tout ce qu'il y auroit d'oiſif dans le Royaume, & de réſerver les Peuples aux exercices que je viens de dire.

(a) Ce deſſein, qui alloit à changer toute la forme de l'Etat, demandoit beaucoup de dexterité pour la conduite, & de tems pour l'execution : car il falloit élever l'Autorité Royale au ſuprême degré du pouvoir arbitraire, pour donner le mouvement ; abbaiſſer le Corps de la Nobleſſe, pour la reduire à la neceſſité de ſervir, & accoûtumer le Peuple à de plus grandes ſaignées, pour reveiller ſon induſtrie. Ayant donc formé ce Plan, il commença à y diriger toutes ſes veüës, & ce fut ce qui rendit ſon Miniſtére ſi odieux en général, & ce qui luy attira en particulier la hayne de tous les Grands, par la crain-

(a) *Non omnia ſtatim, utb decretum erat, exſecutus eſt, veritus ne parùm ſuccederet, ſi ſimul homines transferre, & immutare vellet ; ſed quædam ex tempore diſpoſuit, quædam rejecit in tempus.* Dio lib. 52.

a crainte de la servitude, où ils se voyoient
sur le point de tomber. Neantmoins ayant
eu l'addresse, à l'imitation du Cardinal
Ximenes, de mettre toûjours le Roy, & le
bien de l'Etat de son côté, & (n) d'attirer
à soy par cette voye toute l'authorité des
Loïx, & des Magistrats, il ne laissa pas de
s'elever à une telle hauteur, qu'il a été facile
à ses Successeurs de l'achever. En effet les
Intendans furent établis dans les Provinces,
pour attirer à eux, avec l'appuy de la Cour,
toute l'authorité du Gouvernement Politi-
que, & Militaire; les Lieutenans de Roy
installez dans toutes les Places fortes, pour
y partager le commandement avec les Gou-
verneurs; & les Creatures du Ministere pre-
ferées dans toutes les Charges, aux brigues,
aux recomandations des Grands, & à la
Qualité: enfin n'y ayant plus de bienfaits
à esperer, que du côté de la Cour, il fallut
renoncer à tous les attachemens particuliers,
pour se devoüer entierement à elle. Ces nou-
veautez étoient autant de coups mortels aux
prerogatives de ceux, qui faisoient le plus
de figure dans l'Etat, parce qu'ils voyoient
que leur credit cessant, ils ne seroient plus en
aucune consideration: mais le pouvoir arbitraire ayant déja pris racine, & les plus
temeraires ayant été punis sans exception,
tous se trouverent dans la necessité de ceder

(n) Insurgere paulatim, ac munia legum,
& Magistratuum in se trahere. Tac. an. 3.6.

à la violence. C'est par ces grands ressorts, & par plusieurs autres, qui sont d'une trop longue discussion, que la France a changé de forme sous Loüis XIII. ; pour servir d'instrument à l'ambition de ses Roys, comme on ne l'a que trop éprouvé sous Loüis XIV. On jugera mieux du changement à la considerer dans tous ses membres, par la difference du passé.

Autrefois le Clergé, qui est le premier Membre de l'Etat, étoit en veneration au dedans, & en reputation au dehors, parce que les Dignitez Ecclesiastiques se donnoient à la science, & à la vertu, que l'on alloit déterrer dans les Universitez, & dans les solitudes, pour les y elever, il y eut du changement dès que François I. eût obtenu par le concordat la faculté d'y nommer ; neanmoins on y garda longtems assez de distinction, tant afin d'ôter aux Papes tout sujet de plainte, que parce qu'on avoit besoin pour lors de gens habiles, & de vie exemplaire, pour les opposer aux Huguenots. Mais à present que l'on s'est mis au dessus de toutes ces considerations, & que la faveur tient lieu de merite à tout Ecclesiastique, qui se veut avancer, on n'y voit plus qu'une prosecution generale de tous les Droits de l'Eglise à l'ambition du Prince, & à la violence du Ministere. C'est ce qui se vit à l'assemblée du Clergé qui se tint l'an 1682. au sujet de la Regale ; où au lieu de

les

les foûtenir contre les attentats de la Cour,
comme il y étoit obligé, tant par la Juſtice
de la cauſe, que par ſon propre interêt ; il
eût la lacheté non ſeulement de les luy a-
bandonner, mais même de paſſer un Acte
injurieux à la Dignité du Chef ; & cela
parce que la Cour le vouloit mortifier. Ce
qu'il y eûs de plus curieux, & de plus ridi-
cul tout enſemble dans la diſpute, eſt que
quelques années auparavant, des Docteurs de
Sorbonne avoient été exilez, pour avoir ſoûtenu que le Pape étoit faillible ; & qu'icy
l'on en punit d'autres de la même peine,
pour avoir ſoûtenu le contraire. D'où l'on
peut voir, que le Roy ne s'eſt pas moins
acquis de ſuperiorité ſur le Spirituel, que ſur
le Temporel, & que tout y roule preſente-
ment ſur ſon bon plaiſir, qui eſt devenu la
Loy de l'Etat. Mais, ce qui marque le plus
cette corruption générale, c'eſt qu'à preſent
le Clergé rapporte toutes les prérogatives du
caractére Eccleſiaſtique, à authoriſer la violence du gouvernement : car on y voit les
Prélats juſtifier ſes concuſſions dans les Provinces, tantôt ſous un prétexte de Religion,
& tantôt ſous celuy d'une neceſſité publi-
que ; les Predicateurs Séculiers, & Réguliers
mêler indiſtinctement la gloire du Roy avec
la parole de Dieu dans leurs Sermons ; &
les Profeſſeurs de Droit, & de Theologie
tourner toutes leurs ſubtilitez à accrediter
les uſurpations, & à y conformer toutes les
Loix

Loix Divines, & Humaines. C'est par ces
sortes de prostitutions, que l'on se fait connoître à la Cour ; la plus vile, & souvent
la plus criminelle y fait la distinction du merite.

La Noblesse, qui est le second Membre,
tenoit de même un rang tres considerable
dans l'Etat, tant par les prérogatives, dont
elle joüissoit sur ses Terres, que par les
grands égards qu'on avoit pour elle à la
Cour. Mais aujourd'huy, que le gouvernement des Provinces est entre les mains des
Intendans, & que le Ministere a attiré tout
à luy, il n'y a rien de plus souple, ny de
plus rampant ; il n'y a de salut pour elle,
que dans le Service. Les Intendans, ces
Furets de Provinces, ont sçû la déterrer dans
toutes ses demeures de campagne, & il n'y
a point de vexation pour injurieuse qu'elle
puisse être, dont ils ne se soient servis pour
la reduire à la necessité de servir. C'étoit
assez qu'un Gentilhomme eut du bien, pour
leur être en veüe ; il falloit lever un Regi-
ment, ou une Compagnie, chacun selon
ses moyens, affin d'en être consideré ; &
malheur à qui pretendoit s'en defendre,
pour vivre dans le repos : on soûtenoit un
Païsan contre son Seigneur ; on condam-
noit celuy-cy à des amendes, & à des re-
parations honteuses ; on luy disputoit à tous
momens ses Titres, & ses prérogatives,
& s'il appelloit à la Cour de ces persecu-
tions,

tions, il y étoit rebuté, & renvoyé aprés
des depenses, & des sollicitations inutiles à
son premier jugement. C'est par la continuation de ces vexations, que toute la Noblesse s'est jettée à la Guerre, & comme elle s'y est toute ruinée par les depenses dont
on l'y surcharge, il n'y a plus que les Charges, & les Pensions, qui la soûtiennent.

Il seroit inutile de parler icy de l'oppression des Peuples, parce qu'elle est connuë
de tout le monde; il suffit de dire, que la
violence de ce Regne a tellement épuisé sa
subsistance, qu'à peine leur reste-t-il de quoy
soûtenir leur misere. Mais ce qui fait le malheur des Sujets, est ce qui établit au dehors
la puissance de la Monarchie : car c'est ce
qui fournit à la depense de ses Armemens,
qui n'ont jamais été si nombreux sur Terre, & sur Mer; & ce qui reveille aussi leur
industrie, en les attachant au Commerce, &
aux Manufactures, qui servent à attirer en
France toutes les richesses des Pays étran-
gers. Ce qu'il y a à remarquer sur ce sujet,
est que le Parlement, qui étoit autrefois
Mediateur entre le Roy, & le Peuple, &
qui par un doux temperament entre l'authorité de l'un, & l'obeïssance de l'autre,
maintenoit sagement les Privileges, & les
Libertez du Royaume : ce Corps, dis-je,
qui dans les Siecles precedens attiroit l'admiration des Nations voisines par sa justice,
& son integrité, ne sert plus que d'organe

mer-

mercenaire à la Cour, pour legalifer toutes
fes injuftices, & fes concuffions.   Mais on
luy pardonneroit encore cette vile complai-
fance, dans un tems où il eft fi dangereux
de contredire, s'il s'étoit refervé fon ancienne integrité dans l'adminiftration de la
Juftice, & c'eft ce que l'on ne voit plus.
On diroit, que fon Tribunal eft devenu
l'écüeil de l'équité naturelle, parce que la
chicane, & les formalitez l'y renverfent à
tout momens, ou plûtôt un Teatre public,
où la brigue, la faveur de la Cour, & l'interêt particulier joüent impunement la Juftice, & les loix.   En un mot, ce Corps
autrefois fi augufte, n'eft plus qu'un vain
fantôme dece qu'il a été; n'ayant plus rien
de l'ancien, que le nom, la robe, & le bon-
net.

Il ne paroit que trop, par tous ces chan-
gemens, que l'ordre naturel eft entiérement
perverty dans le Royaume, & que la France eft elle même la premiére victime de
l'ambition de fes Rois, puis que tout s'y rapporte à une vaine image de gloire, qui n'eft
que pour eux, & cette vaine image, à
appefantir toûjours plus les chaînes, fous
lefquelles elle gemit, depuis les deux derniers Regnes. Auffi y a-t-il lieu de s'étoñ-
ner, que les François, qui pretendent être
plus polis, & plus éclairez, que tout le refte du monde, ayent pû donner fi longtems
dans ces fauffes veües; & qu'à prefent qu'ils
font

font convaincus par une experience , à laquelle il n'y a point de replique , que les prospe-
ritez du dehors ne tournent qu'à leur propre oppression ; ils ne tâchent de se mettre
au large , à la faveur de cette guerre ; car
outre que la difference de leur condition à
celle de leurs voisins les y devroit inviter , il
est certain que , s'ils pouvoient recouvrer leur
ancienne liberté , ils vivroient plus heureusement chez eux , & seroient plus considerez à
la Cour : à quoy l'on peut encore ajoûter ,
que le Ministere étant moins authorisé , il
se commettroit beaucoup moins d'injustice,
& de violence en matiere d'Etat , & de Religion. Mais c'est prêcher à des sourds , ils
sont formez à l'esclavage de longue main ; le
bon plaisir du Roy leur est une Loy souve-
raine ; & ce seroit une espece de Sacrilége
dans leur sens, que de n'y pas sacrifier biens ,
vie , honneur , & conscience. De sorte que ,
s'il est vray selon Tite Live , (a) que c'est
le propre des Barbares , de n'avoir pour Loix,
que les commandemens de leurs Maîtres ; on
peut dire aujourd'huy , qu'il n'y a point de
Nation plus Barbare , que la Françoise.

Ainsi que la France gemisse sous le faix
qui l'accable , & qu'elle perisse même , s'il
le faut , ce n'est pas ce dont le Ministére
s'embarasse : il est de la gloire du Roy de
conquerir tous les Etats de l'Europe ; & c'est

à

(a) *Barbaris pro legibus semper Domino-*
*rum Imperia fuerunt* Dec. 4. lib. 7.

à les Sujets de seconder son ambition, sans
consulter si les Guerres qu'il entreprend dans
cette veüe sont justes, ou injustes. En effet
on y vole, on s'y ruine, on s'y sacrifie, il
n'y a rien dont les François ne soient capables pour s'y signaler, contens d'être malheureux, pourvû qu'ils puissent servir d'instrument au malheur de leurs voisins. Mais
ce seroit peu que de s'y ruiner, car il faut
commencer par là, pour meriter l'estime
& la confiance du Ministére : ny aussi de s'y
sacrifier, puis qu'il y va de l'honneur, & de
l'avancement : il faut répondre des évene-
mens, & malheur à tout Officier, qui com-
mande, s'il survit à une entreprise qui luy
aura manqué : c'est un crime que de n'être
pas heureux, car tout merite, qui n'est pas
secondé de la fortune, est disgracié de la
Cour. Ensuite quelle rigueur, & quelle se-
verité dans tous les Commandemens ? il y a
des Espions par tout pour informer de ce qui
se passe, & leurs informations sont toûjours
soutenuës du Ministére, pour l'observation
de la discipline, & c'est ce qui fait une telle
impression sur les esprits, que l'on y donne
à la crainte, ce qui sous un gouvernement
moderé se donneroit à la vertu. C'est sur des
maximes toutes semblables, que l'Empire
Ottoman s'est toûjours aggrandy : mais il y
entre cette difference, que le Ministére de
France en a rejeté cette espece de bonne foy,
qu'on y a souvent observée ; parce qu'il s'est
fait

fait une nouvelle Morale, & une nouvelle Jurisprudence, qui en dispensent : de sorte, que tout y conspire presentement à l'injustice, à la violence, & à l'usurpation.

C'est à la faveur de tous ces principes, que la France est parvenuë sous ce Regne à un si haut degré de puissance; & c'est sur les mêmes qu'elle s'élevera toûjours plus, si l'on ne fait les derniers efforts dans cette Guerre pour l'abbaisser. On voit que tous ceux que l'on a faits jusqu'à present, y ont été inutiles; puis que non seulement elle y a conservé ses premieres Conquêtes, mais même y en a joint tous les ans de nouvelles. Il paroit même, que les diversions, qui se font en tant d'endroits de ses forces, ne servent qu'à leur donner plus d'extension; & la pluralité des attaques, de plus amples occasions de triompher. Mais ce qui merite une attention particuliere est, que si elle est victorieuse sur terre, il s'en faut peu qu'elle ne le soit aussi sur Mer, où elle n'a pas à beaucoup prés les mêmes avantages. On s'étoit flatté au commencement de cette Guerre, que les forces Maritimes d'Angleterre, & de Hollande étant unies, elles se rendroient d'abord Maîtresses des deux Mers, qu'aucun Vaisseau de France n'y oseroit plus paroître, & qu'enfin cette puissante Monarchie se trouvant privée du Commerce, d'où elle tire toutes ses richesses; elle tomberoit dans l'impossibilité de

sou-

foutenir fes grands armemens. Cependant
tout le monde a été furpris de voir le contraire ; la vigilance, & l'induftrie du Mi-
niftere ont fuppléé à l'inégalité des Forces ;
les François ont defolé les deux Nations par
une infinité de Prifes ; ils ont pillé leurs
Flottes Marchandes, & ils font encore a-
ctuellement Maîtres de la Mer Mediterra-
née, où ils ont eu de tout tems leur prin-
cipal Commerce. Enfuite de combien de
fauffes Idées ne s'eft-on pas répû touchant
les defcentes à faire fur les Côtes de France ?
elles fe font dû faire tous les ans, & c'eft
ce qui devoit mettre cette fuperbe Couronne à la raifon, par l'impoffibilité que l'on
fe figuroit, de garder plus de trois cent
lieües de Côtes de Mer, toutes découver-
tes. Mais qu'en eft-il arrivé ; les Milices des
Provinces Maritimes mêlées de quelques
Troupes reglées y ont été employées, &
l'évenement a fait voir, ou que ce deffein
étoit plus difficile à executer, qu'on ne fe
l'étoit imaginé ; ou que la France ne s'en
mettoit pas fort en peine, fe fentant tou-
jours affez forte, pour en arrêter les fuites.

Qu'on ne vienne pas me dire icy, que
ces coups de bonheur fi furprenans, font
attachez à la perfonne du Roy, & qu'ils
peuvent ceffer fous tout autre, qui n'aura
ny la même intelligence pour conduire de
grandes entreprifes, ny la même authorité
pour fe faire obéir. C'eft une erreur, qui
naît

naît d'une forte impreſſion du preſent, & du péu de connoiſſance, que l'on a de l'Etat de la Monarchie : car ſi l'on veut réflechir ſur le paſſé, on en trouvera ſous Loüis XIII. qui ne ſont pas moins dignes d'admiration, attendu la difference qu'il y avoit pour lors tant dans les forces du Royaume, que dans la grande reſiſtance, que l'on trouvoit au-dehors. Cependant on ſçait, que ce Prince paſſoit pour être également foible de Corps & d'eſprit, & que c'eſt ce qui a donné lieu à toutes les Cabales, qu'il y a eu ſous ſon regne : mais le Cardinal de Richelieu, qui regnoit proprement ſous ſon nom, remplaçoit par ſes lumiéres, & par ſon induſtrie, ce que la nature luy avoit refuſé ; de ſorte, que pour avoir ſeulement ſuivi ſes Conſeils, il a fait des Conqnêes, dont toute l'Europe ne l'auroit jamais crû capable : Or ce qui eſt arrivé ſous ce Prince, peut arriver ſous tout autre, quand il ſeroit encore plus foible, pourvû qu'il ait un bon Miniſtre ; & l'on ſçait que la France n'a jamais manqué d'habiles Gens. D'ailleurs ce qui a été difficile à ce Cardinal, ſera facile à tous ceux qui le ſuivront ; il a dû former le Plan, & l'elever parmy mille perſecutions ; au lieu qu'étant déja achevé, ils n'auront qu'à s'y tenir : la France eſt toute accoûtumée à la ſerviude, elle ſe fait gloire de ſes chaines, & toute miſerable qu'elle eſt, elle ne changeroit pas d'Etat contre celuy de toute autre Nation. Mais

Mais ce n'eſt pas aſſez d'avoir fait voir les avantages de la France par rapport à la conſtitution du dedans ; car , comme dit du Pleſſis dans ſes Memoires . (a) *Les Etats ne doivent être eſtimez forts ni foibles en eux mêmes ; mais au regard , & en comparaiſon de leurs Voiſins , & de la proportion qu'ils ont avec eux.* Il ne reſte donc plus qu'à conſiderer icy l'Etat de ſes Voiſins , d'où l'on pourra encore mieux juger de la grandeur de ſa puiſſance , & en même tems de la neceſſité qu'il y a de l'abbaiſſer dans cette conjonéture , qui peut-être ne retournera jamais. Les Etats voiſins ſont l'Empire , l'Eſpagne , & tout ce qui en depend , les Provinces Unies , l'Angleterre , les Principautez d'Italie , & les Cantons Suiſſes. Commençons donc par l'Empire.

Je ne toucheray point icy les premiéres cauſes de la decadence de l'Empire , à le conſiderer dans ſon origine , parce que cette diſcuſſion me meneroit trop loin : je diray ſeulement , que celles , qu'on y a remarquées depuis les deux derniers Siécles , ſe peuvent réduire à deux principales ; qui en ayant altéré la conſtitution interieure , l'ont expoſé à toutes les attaques du dehors. La premiere eſt la jalouſie , que ſes principaux membres ont priſe de la puiſſance du Chef , & qui commença lors qu'ils ſe déterminent à élire Charle V. Empereur , dont l'aggrandiſſement leur paroiſſoit ſuſpect : or ayant

C

trouvé

(a) *Tome 1. ſol. 133.*

trouvé moyen de retrancher ses prérogatives par une capitulation, & d'accroître les leurs dans toutes les Elections qui ont suivy ; cette même jalousie a toûjours duré depuis, par la crainte que le Chef devenant puissant, il ne luy prît envie de rentrer dans ses anciens droits. La seconde est la diversité de Religion, qui tient l'Empire divisé en deux partis presque égaux ; & comme chacun a ses veües particuliéres pour son accroissement, ou sa conservation, il en résulte une defiance, & souvent une animosité réciproque, dont les Princes Protestans se sont presque toûjours prévalus pour leur interêt particulier. Ce sont ces deux motifs, qui ont donné lieu à toutes les broüilleries, que la France y a fomentées depuis le Regne de François I., & dont elle a profité considerablement sous celuy de Loüis XIII. Or quoy que l'on soit fort revenu du premier, depuis que cette Couronne est devenuë si formidable à toute l'Europe ; & que le Traité de Westphalie ait réglé toutes les affaires de Religion ; il ne laisse pas de rester dans le second, un Levain de discorde, que le moindre incident peut réveiller ; & c'est ce qui en déconcertera toûjours l'union dans tout autre tems, que celuy d'un danger commun, & inévitable.

Je ne veux pour preuve de cette verité, que la derniére Guerre de Religion, qui s'y est allumée sous l'Empereur Ferdinand II.,

&

& qui a été si funeste aux deux Partis ; puis
que l'Empire y ayant tourné toutes ses forces contre luy même , il servit à la fin de
Joüet à l'ambition de la France , & de la
Suéde : il n'y avoit rien de mieux tourné
que les Protestations des deux Couronnes
aux Princes, & Etats Protestans ; elles n'a-
voient point d'autre veüë , disoient-elles ,
que de défendre la liberté Germanique que
la Maison d'Autriche alloit opprimer ; toûjours prêtés à retirer leurs Armes , & sans
aucun interêt , du moment qu'elles l'auroient mise à la raison. Mais si celle de Suéde avoit pour elle toute la force du prétexte,
comme étant Protestante ; celle de France
faisoit joüer en échange , des artifices qui
n'étoient pas moins efficaces à luy concilier
les esprits. C'étoit pour lors , que les Ele-
cteurs & les Princes de l'Empire étoient ,
au dire de ses Ministres , autant de Souve-
rains chez eux ; on ne cessoit de les entester
de la grandeur de leurs Prérogatives ; & la
moindre déférence envers le Chefs y étoit
traitée par elle de servitude , & de bassesse.
Ajoûtons à cela des lettres de la Cour toûjours pleines d'expressions d'estime , & de
confiance envers les Princes de son Party :
de grosses pensions pour eux , & pour leurs
Ministres ; les Princesses , & leurs Favorites
regalées ponctuellement de toutes les modes
de France ; des Domestiques François four-
rez par tout , sous pretexte d'y introduire le

                                    bel

bel air, & la délicatesse ; & des Emissaires rampans dans les Antichambres, pour achever l'intrigue de la scene. C'est par ces artifices, & par plusieurs autres, qu'il seroit trop long de raconter, que la France doroit les Chaînes, qu'elle avoit tenduës à leur liberté ; tandis qu'il y avoit chez eux un Ministre de l'Empereur, pour tâcher de les faire rentrer dans leur véritable interêt, on se faisoit un mépris de l'éviter ; on témoignoit du dégout de ses manieres Allemandes ; il étoit réduit, pour ainsi dire, à y mendier ses audiences. Ce jeu dura longtems : mais la France, & la Suede continuant toûjours à prendre chacune de son côté, l'on s'apperçut enfin du piege : & ce fut ce qui porta les Princes Protestans à la Paix : on crut d'abord en être quitte pour remercier honnêtement les deux Couronnes de leur assistance, conformément à leurs protestations si souvent réiterées ; mais ce ne fut plus cela, chacune commença à étaler ses prétentions, & aprés de longues contestations on se vit contraint de composer avec elles, en leur cedant les Provinces, & les Places qui se trouverent être le plus de leur convenance, outre les sommes immenses, que l'on dût payer à la Suede par forme de dédommagement. On eut horreur de se voir duppé si indignement ; mais que ne devoit-on pas à de si généreux Défenseurs ?

Il est vray qu'au Traité, qui se fit, les

deux

deux Couronnes ſtipulérent un accroiſſement de prérogatives, en faveur des Ele-
cteurs, & des Princes de l'Empire, afin de
diſſiper leur chagrin : mais c'étoit d'un côté
les payer de fumée, parce qu'elles ne ſer-
voient qu'à les repaître d'un faſte inutile, &
d'un autre, ſemer entre eux de nouvelles
broüilleries pour l'avenir : car y ayant acquis entre autres, celle de pouvoir faire alliance avec les Etrangers, il y eue dequoy
réveiller leur ambition ; c'eſt ce qui a déja
operé à l'égard de pluſieurs, qui s'en ſont
prévalus au préjudice du bien public. Tels
ſont ordinairement les bienfaits d'un Ennemy. Quoy qu'il en ſoit, ſi les careſſes de la
France ont pû le faire entrer par vanité dans
la Guerre, dont je viens de parler, ſes hauteurs, & ſes violences ont dû les en faire
repentir pour toûjours dans la précedente,
& dans celle cy : car y ayant quitté la peau
d'Agneau, pour reprendre celle de Tygre,
qui luy eſt naturelle, elle a aſſez donné à
connoître à tous ceux, qui ſe ſont trouvez
à portée, quels ſont ſes veritables ſentimens
envers eux tous, puiſqu'elle n'y a eu aucun
égard ni à la naiſſance, ni la dignité. En
effet on y a vû un petit Emiſſaire, un Plu-
mitif, les braver chez eux avec la derniére in-
ſolence ; un Général, un Intendant les traiter Cavaliérement du Pair dans leurs lettres ;
& toute la Nation en général, ne les plus
conſiderer, que comme de ſimples Gentil-


hom-

hommes sous le nom de Messieurs de Hey-
delberg, de Mayence, de Tréves, & de
Cologne.

Quoy que cette digression paroisse hors
d'œuvre, elle ne laisse pas d'être très-im-
portante au fait dont il s'agit ; la France
dangereuse dans ses caresses, & dans ses
bienfaits, pernicieuse dans ses fins, & l'Empire toûjours susceptible de ses fausses impressions. Mais laissons là le passé, pour
n'envisager icy que l'avenir. Tout le monde
sçait que l'Empereur ne peut rien régler
dans l'Empire, que conformément à une
résolution prise dans la Diete. Or l'experience fait voir, que ces résolutions à prendre sont sujettes à des longueurs, & à des
contestations insupportables, à cause des
differens interêts qui s'y rencontrent : chacun veut rapporter son suffrage à sa propre
convenance ; & sans cela la France y ayant
toûjours ses intrigues, il luy sera aysé de
faire naître des incidens, pour tirer les deli-
berations en longueur, & au pis aller, ayant
de grandes Places sur le Rhin, & les Troupes toutes portées en Alsace, on ne l'empêchera jamais de tirer les avantages de la
surprise, comme elle les a tirez dans cette
Guerre : de sorte qu'elle pourra faire plus
de Conquêtes dans une seule Campagne,
qu'on ne luy en pourra reprendre dans trois,
ou dans quatre ; mêmes avoir des forces
supérieures, ce qui n'arrivera peut-être jamais.

mais. Ensuite que ne publiera-t-elle pas des intentions de l'Empereur, du moment qu'il fera avancer ses Troupes sur le Rhin ? il voudra, dira-t-elle, les y entretenir aux depens des Cercles ; il aura dessein sur leur liberté, conformément à ce qu'elle a publié si souvent de ses Predecesseurs, & même de celuy cy par Monf. de Gravelle à la Diete en l'an 1673. ; il sera de son obligation, de faire avancer un Corps d'Armée au milieu de l'Empire, pour observer ses demarches: puis à mesure que ces Troupes avanceront, quelles protestations ne fera-t elle pas de ces intentions toûjours si sinceres, & si pacifiques à l'égard l'Empire ? & quelles recriminations contre l'Empereur, de l'avoir forcé par cét attentat à reprendre les Armes contre sa volonté ? Enfin cabales, illusions, & broüilleries de tous côtez ; & ce qu'il y a de pis, Emissaires depéchez aussitôt dans toutes les Cours d'Allemagne, & du Nort, pour y former des partis ; & leurs commissions toûjours accompagnées de bonnes lettres de change pour les accrediter: c'est par l'experience du passé, que l'on doit juger de l'avenir.

Mais posons qu'il y ait du concert dans ces resolutions, & que les deux Couronnés du Nort y concourent par un sentiment unanime ; quoy que cela soit très-difficile, attendu la diversité de leurs interets: qui pourra répondre, que quand il prendra en-



vie

vie à la France de faire une invafion dans
l'Empire , l'Empereur ne fe trouvera pas
pour lors engagé dans une nouvelle Guerre
avec le Turc ; ou du moins occupé dans une
Révolte en Hongrie , ou en Tranfylvanie?
On fçait que c'eft elle , qui a excité tous les
Troubles de ces Païs-là ; & pour ce qui eft
de fes liaifons avec la Porte , elles font fi
connües depuis le Regne de François I. , &
les effets en font fi funeftes aujourd'huy ,
que l'on peut bien s'affurer , que fi l'une
vient à rompre , l'autre ne tardera pas longtems à la fuivre.  Or c'eft à l'Empire de
confiderer fi connoiffant les défauts , qui
entrent dans fa conftitution, & fe trouvant
entre deux Monarchies fi formidables , & fi
pnies d'interêts , & de maximes , il peut fe
promettre d'y réfifter toûjours.  (a) Pour
moy plus je reflechis fur le danger où il eft ,
plus   j'apprehende  pour luy : car on n'a
jamais vû de liaifon ni plus conftante , ni
mieux concertée pour le perdre.

Je feray plus court fur l'Efpagne , puifque la conftitution de fes affaires eft telle
aujourd'huy , que les Rémedes les plus efficaces paroiffent trop foibles pour les rédref-
fer.  Il y a eu affez de la France , de la Hollande , & de l'Angleterre , pour abbaiffer fa

puiffan-

(a) *Qui in ancipiti pofiti funt , nec in
hoftem unum intenti , par erit omnino ut ab
adverfariis fuperentur. Procop. de Bell. Goth.
lib. 1.*

puissance, qui sembloit autrefois menacer tout l'Univers; & l'on voit aujourd'huy, que ce n'est pas assez de la Hollande, de l'Angleterre, du Duc de Savoye, & de l'Empire même, pour la soûtenir contre la France: d'où l'on peut tirer deux conséquences également évidentes. La première qu'il s'en faut beaucoup, que sa puissance ait jamais été de la trempe celle de France, je veux dire établie sur des Principes aussi solides, & aussi suivis: c'est ce que la France a connu la prémiére, & ce que les autres Etats ont voulu ignorer jusqu'au Traité d'Aix la Chappelle, où ses grandes Pertes les ont detrompez, mais trop tard pour leur propre seureté. La seconde, que le mal est déja passé si avant, que quelque assistance, qu'on luy puisse donner, elle ne réprendra jamais ses premiéres forces. En effet Charle II. qui regne aujourd'huy, est plus éclairé, & plus attentif au Gouvernement de la Monarchie, que ne l'ont été ni Philippe III. , ni Philippe IV. , qui l'ont precedé; ses Etats ne sont d'une guéres moindre étendüe, & il joüit comme eux du Commerce des Indes: il en joüit même plus paisiblement, puis que les Anglois, & les Hollandois ont cessé de le traverser. Cependant on s'apperçoit, que les bonnes intentions de ce Prince demeurent presques toûjours sans succez; soit par les impossibilitez, qui se rencontrent dans l'execution,



ou

ou par un effet du defordre, qui regne dans le Gouvernement. A l'égard de l'étenduë de fes Etats, l'experience fait voit aujourd'huy, que bien loin de multiplier fes diverfions contre la France, elle luy eft devenuë à charge par la neceffité de divifer fes forces, pour parer à toutes fes attaques. Enfin l'on voit, que ce même Commerce, qui devroit attirer en Efpagne toutes les richeffes des Indes, fi elle fçavoit s'en prévaloir, ne fert qu'à la dépeupler, par l'écoulement qui fe fait de fes Sujéts dans les grands Païs, qu'elle y occupe; & que s'il y a de l'utilité, elle eft au double pour la France, qui y a plus de part qu'aucune autre Nation, comme ayant le plus de denrées à y envoyer. Ajoûtons à cela un Roy fans Enfans, & à qui l'on pourroit appliquer ce qu'Alexandre le Grand difoit de luy même; le Daufin de France en competence avec l'Empereur pour la fucceffion; les Grands du Royaume embarraffez dans l'incertude de l'evenement, quoy qu'attentifs au foûtien de la Monarchie; les Peuples fans induftrie; & par confequent hors d'Etat de fournir aux dépenfes d'une longuë Guerre. Tel eft en peu de mots l'Etat de la Monarchie d'Efpagne; fur quoy ie laiffe à juger des fuites, fi la France peut fortir heureufement d'affaire.

Pour ce qui eft des Provinces Unies, je ne doute pas, que dans un danger preffant, & inévitable, elles ne faffent toûjours des efforts extraordinaires pour leur défence : car on a pû remarquer dans toute leur conduite, qu'il n'y a que ce seul mouf, qui puisse y réunir les esprits à la Guerre. (a) C'est la crainte des Espagnols, qui les a formez en Republique, & qui leur à fait soûtenir contr'eux une Guerre de si longüe durée; & c'est aujourd'huy la crainte des François qui les occupe, pour avoir manqué le tems de tenir les deux Couronnes dans un juste équilibre. En effet, quoy qu'elles eussent pris de grands ombrages de l'aggrandissement de la France, même avant le Traité de Westphalie, & que ces ombrages se fussent fort accrûs par toutes les Conquêtes, qu'elle a faites depuis au Païs-Bas, jusques au Traité d'Aix la Chappelle : il a fallu que cette Couronne leur eût déclaré la Guerre, & que dans cette Guerre elle eût exercé sur leurs Peuples, des cruautez semblables à celles qu'elle a exercées depuis dans l'Empire, pour les faire rénoncer à son Alliance. On a même vû, que leur sensibilité n'a guères duré plus que le mal : puis qu'elle ne leur eût pas plûtôt restitué leurs Places, qu'on les vit renrter en commerce avec elle; & ce fut ce qui déconcetta la Ligue, dont cette Couronne tira de si grands avantages au Traité de Nimégue. Ensuite s'étant toûjours prévalüe chez elle des mêmes artifices

(a) *Respublica casu facta, & quam metus Hispanorum continet.* GROTIUS.

ees, par lesquels elle y avoit sçû fomenter la
divifion ; on les a vû conniver à toutes fes
ufurpations, & même à la prife de Luxembourg, quoy que cette Place leur fervît
d'avantmur, pour la confervation de leur
liberté. Enfin le Prince diOrange les ayant
fait rentrer dans leur veritable interêt, par la
réprefentation du danger, où elles étoient,
& ayant fait auffi rentrer l'Angleterre dans
les fiens ; la France pour fe faire honneur de
la primauté, leur a déclaré la Guerre pour
la feconde fois ; & c'eft où l'on en eft pre-
fentement. On peut voir par ce que je viens
de toucher en gros, que cette Republique
n'eft ny fi unie dans fes parties, ni par
confequent fi aifée à mouvoir, qu'il feroit à
fouhaiter, tant pour fa propre feureté, que
pour celle de fes Voifins ; car en premier
lieu s'étant formée à la hâte, & comme par
hazard, il entre des défauts dans fa conftitution, qui apportent toûjours beaucoup
de lenteur dans fes réfolutions, & fouvent
du rélâchement dans l'execution. En fecond
lieu y ayant deux Partis oppofez, qui la
tiennent divifée, & chacun ayant fes veûës
particuliéres, & fes adherences au dehors ;
la France aura toûjours occafion de fe prévaloir de la jaloufie, & de l'animofité, qui
eft entre eux, pour traverfer toute réfolu-
tion vigoureufe, qui s'y pourroit prendre
dans toute autre occafion, que celle d'un
danger commun & preffant ; & ce danger

n'y

n'y paroîtra pas tel dans toute Guerre, que la France entreprendra loin de ces Provinces. En troisiéme lieu cette même Republique rapportant sa principale veüe à l'établissement, & à la conservation de son Commerce; il est à craindre, tant de ces defauts & de ces divisions que je viens de toucher, que du panchant au repos, que cét interêt de Commerce y inspire, que prévenüe d'ailleurs par les artifices de la France, elle n'attende toûjours les extremitez, pour se résoudre à entrer en Guerre avec cette Couronne : or elle y peut entrer dans un têms, où ses efforts luy seront inutiles, de même qu'à ses Alliez, comme il arrivera sans doute, si la continuation de cette Guerre ne l'affoiblit tellement, qu'elle perde pour long têms l'envie de la récommencer : & c'est à quoy il paroît peu de disposition.

Il y auroit plus de choses à dire sur l'Angleterre, si la consideration des Troubles, que l'on a vu y regner sous les trois derniers Regnes, ne nous traçoit d'abord une image fort ressemblante de l'avenir. Il suffit de dire que les trois Royaumes, qui forment celuy de la grande Bretagne, ont chacun leur gouvernement particulier, & qu'il entre en chacun, des mouvemens si opposez, sur tout en matiere de Religion, qu'il est impossible qu'un Roy quelque équitable, & quelque avisé qu'il puisse être, les contente tous également. Le Roy Jacque s'étoit rendu

du

du trés-agreable aux Irlandois, tant à cause
de sa Religion, qui est chez eux la plus
puissante, que des avantages qu'il tâchoit
de leur procurer dans les deux autres Royaumes; & il y perdit en échange l'affection
des Anglois, & des Ecossois, qui sont
presque tous Protestans, quoy que de deux
differentes Sectes: or il est certain, que
l'affectionde ceux cy, luy étoit sans comparaison plus utile, comme étant maître du
Gouvernement de leurs Royaumes, qui
sont les principaux, & ayant toutes les forces de l'Etat entre les mains, dans un Parlement assemblé. Il peut en venir un autre,
qui paroîtra plus porté pour la Religion
Anglicane, que pour la Presbyterienne,
& voilà de quoy le broüiller avec les Ecossois, chez qui celle-cy prévaut, & former
en Angleterre un grand party contre luy,
de tout ceux qui la suivent: c'est par cette
défiance, que les troubles ont commencé
sous Charle I. quoy que les Catholiques en
ayent porté depuis toute l'Iniquité, comme
étant les victimes ordinaires de toutes les
broüilleries des deux Religions dominantes.
Ajoûtons à cette raison les veües particulieres des Rois, pour s'affranchir du joug des
Parlemens, leurs démarches toûjours ob-
servées, & presque toûjours suspectes aux
deux Nations principales, par un attache-
ment outré au maintien de leurs Privileges
& de leurs libertez, dont elles semblent ê-
tre

tre Idolatres ; la France aux écoutes , &
toûjours en œuvre , pour y fomenter le
defordre & la confusion , afin de tenir cette
Couronne occupée au dedans ; & les Peuples naturellement inquiets , & fusceptibles
de toute impreffion , qui flatte leur hayne ,
ou leur defir.    Ce font toutes ces raifons ,
qui ont empêché l'Angleterre de rentrer
dans fes veritables interêts fous les trois derniers Regnes ; & l'on a même vû , qu'il a
fallu , que le Gouvernement fût renverfé ,
pour y rentrer fous celuy cy.    Or le Roy
Guillaume étant fans fuccoffion , & le Roy
Jacque fe trouvant en France ; luy , ou fes
Succeffeurs feront toûjours un fujet de dif-
corde dans les trois Royaumes ; tandis que
la France profitera de l'occafion , pour étendre fa Domination fur toute l'Europe.  Ceux
qui connoiffent l'Etat de ces Royaumes , ou
qui ont lû les Révolutions , qui y font ar-
rivées depuis un Siécle , ne difconviendront
pas , de ce que je viens d'avancer , en confi-
deration de l'avenir.

Il y a moins de réflexion à faire fur l'Italie , parce qu'étant partagée en diverfes
Principautez, qui ont chacune leur interêt
particulier , elle donnera moins de peine à
la France , qu'aucun des Etats que je viens
de nommer.    Elle n'aura pour y prendre
pied , qu'à y former un party ; & c'eft à
quoy l'ambition de quelqu'un de fes Princes , ou la corruption d'un de fes Miniftres

peut

peut donner occafion : Or ayant Pignerol à
la defcente des Alpes , & Cafal au milieu de
la Lombardie , rien ne l'empêchera de s'é-
tendre au long & au large, tandis qu'elle
tiendra toutes les Côtes allarmées par une
Armée Navale. Je ne doute pas, que pour
lors toutes ces Principautez ne fe liguent
contre elle , qu'elles ne levent des Troupes
pour leur commune défence ; & qu'elles ne
crient à l'aide en Allemagne , & en Efpagne. Mais dequoy leur ferviront ces Ligues, ces Troupes, & ces cris ? car fi la
France feule tient tête dans cette Guerre aux
Puiffances les plus formidables de l'Europe,
& fi elle remporte tous les ans fur elles de fi
grands avantages, de quoy ne fera-t-elle pas
capable, lors qu'elle aura réüny toutes fes
forces contre l'Italie ? Sur quoy je ne puis
affez m'étonner, que ces Princes , qui fe
font oppofez autresfois avec tant de chaleur, le Pape même à leur tête, à l'aggran-
diffement de l'Empereur Charle V. , qui
étoit perfonnel en partie, puifque la dignité
Imperiale, qui y contribuoit, depend d'une
Election, que ces Princes, dis je, qui en toute
autre occafion paroiffent fi jaloux de leur
liberté, puiffent dormir en repos à la veüe
de celuy de Loüis XIV. , lequel leur eft
d'autant plus dangereux, qu'il eft moins at-
taché à fa perfonne , qu'à la puiffance de fon
Royaume , qui outre les grands avantages,
qu'il poffede déja fur les Etats Voifins,

paroit

paroit être dreſſé ſous ce Regne, à la conquête de l'Univers. On diroit, ou que la France a répandu chez eux un poiſon lent, qui les tient aſſoupis, à la veüë du danger; ou que contens d'un repos preſent, ils attendent d'elle la grace de Polypheme, qui eſt d'être devorez les derniers. Cependant je ne vois pas, qu'ils ayent lieu de ſe flatter là deſſus; le danger n'eſt peut-être pas ſi éloigné, qu'ils ſe figurent; car comme il eſt à préſumer, que cette Couronne voudra ménager quelque tems l'Empire & la Hollande, pour avoir moins d'Ennemis ſur les bras, il y a bien de l'apparence, que ce ſera ſur eux, que tombera le premier effort de ſes Armes; ſoit pour tenir ſes Troupes en exercice, ou pour s'emparer de l'Etat de Milan, & du Royaume de Naples, comme faiſant partie de la ſucceſſion d'Eſpagne: ainſi c'eſt à eux de prendre leurs meſures là deſſus.

Les Suiſſes ne ſont pas moins expoſez aux inſultes de la France, qu'aucun de ſes voiſins; ils le ſont même plus, comme étant enclavez dans ſes terres par la Comté de Bourgogne, & le Suntgow. C'eſt pourquoi il auroit été de leur intérêt de ſe joindre aux Alliez, pour ſe délivrer d'un voiſinage ſi dangereux. Mais quel fond peut on faire ſur des peuples, qui rapportent tout à leur utilité particuliére? & enſuite comment faire mouvoir un Corps compoſé de parties ſi déſunies?

Les

Les Treize Cantons qui le forment , font autant de Républiques , & celle-ci divifées entre elles par la diverfité de Religion : Or comme les avantages des deux Partis , font pref-
que égaux , & la jaloufie réciproque, il n'y
a qu'une conformité de convenance , qui les
tient attachez enfemble , & celle-ci fe réduit
à conferver la tranquilité dans le Païs , & à
profiter également de toutes les Guerres , qui
furviennent entre la Maifon d'Autriche , &
la France. C'eft par cette diverfité d'interêts particuliers , & par l'avidité de ceux qui
font en charge , que la France , qui leur donne le plus , y a acquis cette fupériorité , qu'elle y conferve encore aujourd'huy. Il luy en
coute à la verité , par le grand nombre de
penfions , qu'elle eft obligé d'y diftribuer;
mais fi elle peut une fois fe mettre en état de
fe paffer de leurs hommes , & de leur Alliance , il eft fort à craindre , qu'elle ne fe rem-
bourfe en une fois du Capital , & de l'interêt; car ce n'eft pas fa coûtume, que de donner
fans efperance de retour. Or fi cela arrive , je
laiffe à juger aux Suiffes , fi les Alliez , qu'ils
ont abandonnez dans une caufe fi jufte , auront beaucoup fujet de s'intéreffer à leurs mi-
feres. On n'a pû voir fans indignation,
qu'ils ayent laiffé perdre la Comté de Bourgogne , contre la foy de leurs anciens Traitez avec la Maifon d'Autriche ; ni que par
une plus longue fuite de contraventions , ils
ayent toûjours fourny des Troupes à la France

ce contre la même Maiſon. Mais ce qui aigrit le plus cette indignation, c'eſt que les
François ayant exercé des cruautez à leurs
yeux dans cette Guerre, capables de toucher des cœurs de Bronze, non ſeulement
ils n'en ont point été touchez, mais même
ont perſiſté, à la reſerve de quelques Cantons,
qui ont été plus humains, à renforcer leurs
Armemens; comme s'ils euſſent été d'intelligence avec elle, pour achever la déſolation
de l'Empire, dont ils ſe diſent Membres hon-
noraires. N'y ayant donc plus aucune mé-
ſure à prendre avec eux pour une ſeureté commune, on peut les conſiderer comme des victimes, que la France engraiſſe pour un dernier ſacrifice : Mais laiſſons là les Suiſſes pour
la derniére fois.

De tous ces ſyſtémes, que je viens de po-
ſer, il reſulte trois conſequences également
évidentes. La premiére, que de tous les
Etats, qui ſont liguez contre la France, aucun n'eſt capable de luy tenir tête avec ſes
ſeules forces. La ſeconde, que l'on ne peut
compter ſur une Ligue entre eux, qui ſoit
ſuffiſante, pour guarantir une ſeureté commune; c'eſt à dire dont les Armemens ſoient
toûjours libres, & à la main, pour l'empêcher de ſe prévaloir de la ſurpriſe. Et la troi-
ſiéme, que ſi la France remporte tous les ans
de ſi grands avantages ſur les Alliez, quoy
qu'unis, & ſi puiſſamment armez, elle en
remportera infailliblement de plus grands,

dez qu'elle aura repris halaine. Ces confe-
quences font certaines, puis qu'elles font fondées fur l'expérience, & fur la raifon : de forte
que, fans avoir befoin icy de toute la pénétra-
tion de Polybe, on pourroit bien fur la com-
paraifon des avantages naturels, & acquis de
cette Couronne, avec les défauts effentiels,
qui fe rencontrent dans la conftitution de
tous les Etats, dont je viens de parler, porter
le même jugement en fa faveur, que celuy
qu'il porta autrefois, en faveur de la Répu-
blique Romaine contre les Grecs; c'eft à dire, que tous ces Etats tomberont tôt ou tard
fous fa Domination, s'ils ne font de tels efforts contre elle dans cette Guerre, qu'elle
ne puiffe fe prévaloir fi-tôt de fes avantages.

Ouy, & je le repete encore, il faut fui-
vant ces fyftémes, auxquels je deffie de contredire, que la France triomphera un jour de
toute l'Europe, fi la conftance des Alliez, &
de plus grands efforts dans cette conjonéture
ne la reduifent à l'impuiffance, de pouffer plus
loin fes vaftes deffeins : auffi le connoît-
elle mieux que perfonne, & c'eft en veüe
de ménager fes forces, qu'elle tâche de les
defarmer par un Traité de paix; la longueur,
& l'extenfion de ce cette Guerre l'embaraf-
fent, & toute triomphante qu'elle eft, elle fçait
affez, que dans l'état où elle a porté toutes
chofes, il n'y a point de milieu pour elle entre la victoire, & le precipice : (a) puis que fi
elle

elle venoit à être forcée de rendre tout ce qu'elle a ufurpé, il y auroit moins de reffource pour elle à l'avenir, n'y ayant aucun de fes Voifins, qui n'ait conçu autant d'horreur de fes maximes, que d'apprehenfion de fa puiffance. Il eft donc de fon interêt d'en fortir, à quelque prix que ce foit; la Paix, comme on a vû, luy fournira toûjours affez d'occafions de fe dédommager.

Les chofes étant ainfi, on doit d'abord établir pour principe, que fi la France veut la Paix, les Alliez doivent vouloir la Guerre, & cela par une raifon générale, qu'il ne faut jamais donner dans la volonté de fon Ennemy : mais il en entre icy de fi particuliéres, qu'elles leur en font une neceffité indifpenfable. La France eft une en nombre, unie dans fon Gouvernement, & dans fes maximes, fes forces égales à celles de tous fes Ennemis enfemble, fes Frontiéres impénétrables, & fes Places avancées extrémement fortes, & dans une fituation, qui domine tous les Païs voifins : toûjours prête à y faire des invafions, & hors de portée, pour en fouffrir chez elle dans un changement de fortune. Or il n'en eft pas de même d'eux ; à peine arrivent-ils à une égalité de Puiffance, eftant

unis

(a) *Non enim his gradibus, quibus ad fummum perventum eft, retroitur : faffè inter fortunatos maximam, & ultimam nihil intereft.* Senec. lib. 6. de Benef.

unis ; ainsi ce n'est que par la pluralité qu'ils peuvent se soûtenir , & qui dit pluralité , dit division. On sçait assez quel est le sort ordinaire de toutes les Ligues ; mais pour ne parler que de celle-cy , qui doit être plus solide que toute autre, comme estant fondée sur une necessité commune ; quelle difficulté ne se presente-t-il pas tous les jours à y conserver l'union ? quelles longueurs , quelles traverses, & quels debats , dans toutes les déliberations ? tandis que la France maîtresse du tems , & du mouvement de ses Forces, rompt leurs mesures avant qu'elles soient bien concertées , profite de toutes les occasions, que leur lenteur, ou leur négligence luy presentent ; puis son coup étant fait, les tient chez eux en échec pendant toute une Campagne , à la faveur de ses Places. On sçait quelle est son adresse, & sa vigilance ; on l'éprouve tous les jours par les avantages qu'elle en tire ; & ce qu'il y a de pis dans ce Corps composé de parties si desunies , c'est que l'on y connoît le mal ; sans y vouloir aporter le remede necessaire. C'est dans ce sens que Guicciardin a eu raison de dire, (a) que dans une Guerre de plusieurs Princes liguez contre un seul , la terreur est ordinairement plus grande que le mal , puis que l'on a toûjours vû , que les premier efforts durent peu , & que la diversité des sentimens y produit un relâche-

ment,

(a) Lib. 8.

ment, qui en affoiblit le concert, & l'u-
nion. Mais que ne diroit pas aujourd'huy
cét Hiftorien, de voir Loüis XIV. à la tête
de fes Armées, fes Forces auffi nombreufes
que celles de cinq grands Etats confederez,
avec qui il eft entré en guerre, fes Sujets
devoüiez à toutez fes volontez, fes Frontie-
res hors d'infulte, & celles de fes Ennemis
ouvertes de toutes parts ? c'eft ce qu'il eft aifé
de deviner.

Il eft vrai, que la France propofe la Paix,
mais qui nous peut répondre de la feureté
de cette Paix, aprés avoir violé les cinq
precedentes ? Changera-t-elle pour cela de
Gouvernement, & de maximes ? & fi elle
rompt celle-cy, comme on n'en peut pas
douter, quelle Puiffance y a-t-il aujour-
d'huy capable de la garantir, puis qu'elle
feule tient tête dans cette Guerre à cinq des
Principales, & qui prifes féparement luy
auroient été formidables il y a cinquante
ans. L'experience a fait voir, qu'il luy faut
des Guerres & des Paix de peu de durée;
une Guerre telle que celle-là luy fert à profiter de la furprife, & la Paix qui la fuit à
fortifier fes Poftes avancez, à remplacer fes
Magazins, & à faire de nouvelles difpofi-
tions, pour de plus grandes entreprifes.
C'eft un torrent, qui devient plus impetueux à mefure qu'il fe groffit, qui a renverfé toutes les Digues, qui fe font oppo-
fées à fes inondations, & qui ne s'arrête
que

que pour attendre de nouveaux renforts,
afin de les étendre avec plus de violence.
En effet il n'y a plus de bornes, qui puiffent arrêter les invafions de la France : Traitez , Alliances , bonne Foy , Religion ,
tout cede à l'efprit d'ambition qui la tour-
mente : de forte que fi elle entre aujour-
d'huy dans des fentimens de Paix , c'eft
qu'après avoir diffipé partie de fes Forces
dans l'extenfion de cette Guerre , il luy
faut du tems, pour en reprendre de nouvelles. On voit que la durée de celle-cy l'a
trompé ; car elle avoit compté fur trois ans
tout au plus, & elle fe trouve déja dans le
fixiéme , & c'eft ce qui déconcerte toutes
fes méfures. Il ne faut donc confiderer la
Paix telle qu'elle la propofe, que comme
un répit dont elle a befoin elle-même, pour
réprendre halaine ; puis que l'on voit que
le Royaume ne peut plus foutenir la dépenfe de fes grands Armemens , & que la di-
fette des Grains , l'interruption du Commerce, & la miféré des Peuples y font crier
tout le monde. Que s'il eft vray , comme
il eft vifible, que c'eft la pure neceffité, qui
l'oblige à entrer dans ces Propofitions, ie
demande aux Alliez , fi ce n'eft pas fe pri-
ver du feul avantage, qui leur refte, que d'y
condefcendre. Il ne luy faut que deux, où
trois ans de Paix , pour fe tirer de cette neceffité , & celle cy venant à ceffer, qui les
peut affurer, qu'ils fe trouveront tous auffi

unis,

unis, & auſſi armez, qu'ils ſont preſente-
ment, pour luy faire teſte dans une nouvelle invaſion : ils ne peuvent tout unis, &
tout armez qu'ils ſont, l'empêcher de faire
tous les ans de nouvelles Conquêtes ; d'où il
eſt à preſumer, qu'ils le pourront encore
moins, lors qu'elle aura rétabli ces Forces.
Mais ce ſeroit une erreur, que de croire, qu'ils
ſe trouveront pour lors dans la même diſpo-
ſition : car quel trouble, & quelle revolu-
tion ne peut il pas arriver en moins d'une
année dans tout le Corps de la Ligue, puis
que chaque Etat en renferme des ſources,
que toute la prudence humaine ne ſçauroit
tarir, comme je l'ay fait voir cy devant.
C'eſt là où la France les attend, parce qu'elle aura pour lors les coudées libres, pour
renoüer ſes intrigues chez eux, & y rétablir
le trouble, & la confuſion. Mais affin que
l'on puiſſe mieux juger de ſes deſſeins dans
toutes les demarches, qu'elle fait pour la
Paix, il eſt neceſſaire de rapporter icy les
veües politiques, qui y concourent avec la
neceſſité, que je viens de dire.

La premiére, eſt l'eſperance de deſunir les
Alliez à la faveur de la Paix, ou du moins
de leurs ſuſciter par mile voyes, qu'elle a
en reſerve, des broüilleries chez eux, qui
les empêchent de s'oppoſer à de nouvelles
entrepriſes. Cette veüe eſt aſſez éclairé par
les antecedens, ſans qu'il ſoit beſoin de la
rebattre icy.

D

La

La seconde, qu'il est de son interêt d'empêcher par une Paix, que ses Ennemis ne s'agguerrissent davantage, afin de conserver toûjours sa reputation dans les Armes. Elle voit, que ses vieilles Troupes déperissent tous les ans, & qu'à continuer à les remplacer par de nouvelles levées, il ne faudroit qu'une seule defaite, pour ternir la gloire du passé, & ruïner les esperances de l'avenir. D'ailleurs elle s'apperçoit déja, que ce ne font plus les mêmes ennemis, qu'elle a à combattre, que la necessité y établit insensiblement l'union, & les pertes, qu'ils ont faites, un changement de conduite, qui les rend de jour en jour plus redoutabler. La Victoire de Landen a été plus disputée qu'aucune des precedentes, quoy qu'elle y eût eu l'avantage du nombre, & de la surprise; Charleroy s'est aussi mieux defendu que Mons, & que Namur, quoy que sans aucune esperance de Secours ; & le Dauphin n'a pû remporter aucun avantage sur le Rhin, quoy qu'il eût une Armée plus nombreuse, plus exercée aux Armes, & plus unié que celle du Prince Loüis de Baden. (a) Or il n'y a rien, qui luy puisse être plus prejudiciable, que d'apprendre à ses Ennemis les moyens de la vaincre.

La troisiéme est, que quand elle seroit seure de pousser encore plus loin ses avantages,

(a) *Ne repugnare assuefacti ipsi quoque bellicosi evadant.* Plut. in Lycurg.

tages, elle ne peut éviter de risquer en même tems ceux qu'elle a acquis sur Mer ; &
ceux cy luy sont d'autant plus pretieux, que
si elle les perd une fois, il luy sera trés-diffi-
cil de les recouvrer : outre qu'il y a une telle connexion entre les deux, que l'un ne
peut guéres subsister sans l'autre, j'entens
quant à l'importance de ses grands desseins.
Il a fallu, pour établir sa Marine, semer la
jalousie entre l'Angleterre, & la Hollande ;
puis les faire entrebattre, pour tâcher de former une hayne entre les deux Nations, &
la Paix étant faite, occuper la premiére dans
des brouïlleries continuelles, & en tramer
dans la seconde, afin d'en divertir les liaisons. Or à present que ces deux Puissances
ont reconnu par les pertes, qu'elles ont faites dans cette Guerre, combien leur des-
union leur a été préjudiciable : il est à pré-
sumer, que la Guerre continuant, elles
employeront toutes leurs forces pour la
ruiner ; & c'est ce que cette Couronne
toute puissante qu'elle est, aura peine à parer, puisqu'elles ont de plus grandes Forces
sur Mer, & plus de commodité, pour y
maintenir leurs avantages.

La quatriéme, est l'importance de se tenir en réserve, pour être toûjours prête à
recueillir la succession d'Espagne, lors que
le cas viendra à échoir : car elle sçait qu'elle aura besoin pour lors de toutes ses forces ; n'y ayant aucune apparence, que les En-



nemis

nômis qu'elle a préſentement ſur les bras,
ne s'y oppoſent, comme à une choſe qui
leur eſt du dernier préjudice : Or une Paix
telle qu'elle puiſſe être, luy eſt trés-utile
dans cette veüe, quand ce ne ſeroit que
pour les deſunir, ou les deſarmer ; tandis
qu'elle mettra tout en uſage, pour former
des partis tant en Eſpagne, que dans les
autres Etats, qui en dépendent. On a pû
connoître l'an paſſé combien elle eſt amor-
cée de cette ſucceſſion, puis que ſur la nouvelle de là maladie du Roy d'Eſpagne, elle
forma d'abord l'entrepriſe de Roſes, & fit
paſſer enſuite toute ſa Flotte dans la Mediterrannée, afin d'y avoir pied en tout évenement. Que ſi ce deſſein, qu'elle a pouſſé
avec tant d'empreſſement, & dans un tems
où il y avoit une deſcente à craindre ſur les
Côtes de l'Ocean, & tant de diverſions à
ſoûtenir par terre, luy a ſi heureuſement
réüſſi, que ne peut elle pas eſpérer, lors
qu'elle ſera en état d'y réunir toute ſes
Forces ? Enſuite ſi elle vient à emporter cette grande ſucceſſion, juſques où ne por-
tera-t-elle pas ſa puiſſance ? Maîtreſſe de
l'Eſpagne, & de la plus grande partie d'I-
talie ; la Mediterrannée fermée à toutes les
Nations, tout le Commerce des Indes, &
un Monde entier entre ſes mains ; toute
l'Europe enſemble ne ſera pas capable de la
contenir. Mais notons icy que pour avancer la Paix, elle renonce dans la meilleurs

for-

forme , qu'il est possible , à cette prétension qui allarme tout le Monde ; quel fond
peut-on faire sur une rénonciation , dont
elle se peut rélever par la force à tous momens ? Les Droits de la Couronne se peu-
vent-ils aliener par aucune raison que ce
puisse être, suivant la Loy qui luy est particuliére, & dont elle s'est prévaluë si souvent , pour se dispenser de toutes les obli-
gations de ses Traitez ? ensuite le DauFin ,
ses Fils & ses petits Fils , n'auront-ils pas
des prétextes plus apparens , pour se rélever
d'une rénonciation faite par le Roy regnant,
que luy-même n'en a eu , pour se rélever
de celle de la feüe Reine son Epouse , &
ainsi à l'infini ? Enfin si la pétulance de ce
Regne a fait éclorre mille chicanes absordes
sur des Prétensions surannées de plusieurs
Siécles , & où il n'y a jamais eu aucune
ombre de Justice , que ne doit-on pas ap-
préhender de celles d'une nullité prétenduë,
dans un tems où elle pourra la soûtenir
contre tout le monde , par la force de ses
Armes ? Ce n'est ni sur le Droit , ni sur
les formalitez , qui y sont attachées , que
la France se régle aujourd'huy ; car on en a
vû de trop fréquens , & de trop funestes
exemples , pour n'en être pas convaincu.
C'est pourquoy s'il ne tient qu'à se rélâchoe
d'une prétension à échoir pour le bien d'u-
ne Paix presente , & necessaire , elle n'aura
pas plus de répugnance à y consentir dans

cette conjoncture , qu'elle en aura à la reveiller, dez qu'elle y trouvera jour : il n'y
a que les Restitutions qui luy pesent , parce
que c'est autant de perdu pour elle , & d'acquis pour ses Voisins , qu'elle voudroit voir
détruits ; aussi voit-on , qu'il n'y a point
d'artifice , qu'elle ne mette en usage pour
les éviter, ou du moins pour sauver les
principales

Ce n'est qu'aprés avoir tenté inutilement
de dissiper , ou de desunir les Alliez , que
cette Couronne est entrée dans des Propositions de Paix ; car de quels artifices ne s'est-
elle pas servie d'abord pour ébranler les Catholiques , en y faisant intervenir la Religion sous la personne du Roy Jacque ; &
ce coup luy ayant manqué , quelles offres
n'a-t-elle pas faites aux uns & aux autres,
pour les détacher par des avantages particuliers ? Ensuite que n'a-t-elle pas mis en usage, pour leur susciter des diversions du côté
du Nort & d'Italie ? Enfin quels efforts
n'a-t-elle pas faits sur le Rhin la Campagne
derniére , en veüe de profiter des brouïlleries survenües dans l'Empire, au sujet du
neuviéme Electorat ? Car s'étant declarée
pour le party opposé , elle croyoit que pro-
posant des conditions tolerables à l'Empire,
& y faisant en même tems de grandes Conquêtes, ceux pour qui elle s'interessoit en
apparence les embrasseroient avec joyes, ou
au pis aller, que n'y pouvant avoir d'union

dans

dans une Armée compofée de Troupes de l'un & de l'autre party, elle fe rendroit fi formidable aux Cercles de la Franconie & de Suabe, qu'ils fe trouveroient contraints d'entrer en neutralité, & ce devoit être un acheminement infaillible à une Paix féparée. Ce n'eft donc qu'aprés avoir vû fes efforts & fes piéges éludez de toutes parts, qu'elle a commencé à parler ferieufement de Paix ; fur quoy je laiffe à juger de la fincérité de fes intentions. Car ayant vû que l'Empire avoit rejetté hautement fes premiéres Propofitions, „ même avant l'iffuë des entreprifes du Daufin, & jugé de là de l'impoffibilité de l'ébranler : elle s'eft enfin déterminée à en avancer de nouvelles pour les autres Puiffances, qui font en Guerre avec elle ; & ce font les deux qui paroiffent aujourd'huy : Or comme il y a beaucoup de gens, qui n'envifagent peut être pas affez tous les maux qu'elles enveloppent, il eft à propos d'en rapporter ici en peu de mots, quelles en font les conditions principales.

Je ne difputeray point ici, fi les proteftations, qu'elle fait dans toutes les deux, font fincéres ou non ; il fuffit de dire qu'elles font de même ftyle „ que toutes fes déclarations de Guerre ; les intentions toûjours portées au bien de la Paix, fa bonne foy cautionnée par des affurances de l'avenir, que rien n'eft capable d'altérer ; il n'y a rien qui n'y charme, aux reftitutions prés ; mais venons au
fait.

fait. elle veut, dit-elle dans les premieres,
rendre Freybourg & Philipsbourg fortifiez
comme ils sont; mais s'est en échange de
Strasbourg, qu'elle prétend retenir incom-
mutablement; & s'est ici le point. Je ne dis-
conviens pas, que les deux Places à restituer
ne soient tres-importantes à l'Empire, parce
que chacune d'elle couvre assez ce qui est de
son côté : mais on me permettra de dire,
qu'elle ne sont rien en comparaison de celle
de Strasbourg; car celle-cy étant d'une grande étenduë, parfaitement bien fortifiée, a-
yant toute l'Alsace derriere elle, qui est un
Païs tres-fertil, & capable luy seul d'entretenir en tous tems une grosse Armée, & é-
tant située au milieu du haut Rhin, qu'elle
domine depuis Bâle, jusqu'à Philipsbourg,
elle luy est de toute autre importance; outre
qu'ayant une communication avec cette
Place par Falzbourg & par la Lorraine, plus
ouverte & plus commode d'avec toute autre sur le haut ou sur le bas Rhin; le passage
qu'elle luy donne dans l'Empire, joint aux
autres avantages que je viens de dire, y fa-
cilite le plus ses grans desseins. C'est à dire
que retenant cette grande place, elle peut se
passer des deux qu'elle veut restituer, pour
toute entreprise qu'elle y voudra former, au
lieu que celles cy sans Strasbourg ne luy
donnent que des avantages assez disputables,
comme il a parû dans la derniere Guerre par
l'impossibilité, qu'il y a eu, de les avitailler

Phi-

Philipsbourg, & de le secourir ensuite lors
qu'il a été assiégé. C'est ce que le Maréchal
de Turenne avoit répondu luy-même auparavant, lors que s'étant retiré sous le Canon
de cette Place, au lieu de marcher au secours
de l'Electeur de Cologne allié de la France,
que le Général Montecuculi alloit attaquer,
par le Siége de Bonne ; il dit hautement pour
justifier sa conduite, que Philipsbourg étoit
une Place à se perdre, à la barbe d'une Armée aussi forte que celle qui l'assiégeroit.
Strasbourg étoit encore à l'Empire, Lan-
daw sans défence, & le Fort Loüis une Isle
deserte ; de sorte que la communication pouvant être interrompuë par un Corps qui se
seroit posté au delà du Rhin, ou sur les ave-
nües de la Place, toute l'Armée de France
auroit eu peine à la secourir, à cause de sa situation. Pour ce qui est de Freybourg, on a
vû dans cette Guerre, que c'étoit assez de
garder les passages qui sont en deçà, pour
rendre cette Place inutile à la France, j'en-
tends quand au dessein de s'élargir, à cause
des Montagnes & des Forêts qui la resser-
rent. Les choses étant ainsi, il faut considé-
rer Strasbourg, comme la Maîtresse Clef de
l'Empire, à la faveur de laquelle il sera libre
à la France de l'inonder toutes les fois qu'il
luy en prendra envie, puis que tout luy est
ouvert de ce côté-là jusqu'à Ulm. Or comme la funeste expérience de ce Régne ne
confirme que trop combien ses Invasions

font à craindre au milieu de la Paix, je laiſſe
à juger ſi l'Empire conſideré dans l'état où
je l'ay repreſenté, peut ſe croire en ſeureté
en cas que cette importante Place luy de-
meure: des la premiere broüillerie, qu'elle
y pourra ſuſciter, elle ne balencera pas à ſe
jetter ſur Ulm, & étant maîtreſſe de cette
Place, qui eſt à la tête du Danube, tres facile à fortifier, & au milieu d'un Pays ouvert & fertile, je laiſſe à juger, ce que de-
viendront la Suabe, la Franconie & toute
la haute Allemagne. Ces raiſons, qui ſont
fondées ſur l'experience du paſſé, doivent
faire conſiderer la reſtitution de Strasbourg,
& de toutes les Places que cette Couronne
occupe ſur le Rhin, & aux environs depuis
Briſac, comme une condition ſans laquelle
on ne peut traiter avec elle; puis qu'il n'y
a que cette ſeule voye, pour rétablir une
ſeureté de Frontiere.

Outre ces reſtitutions, elle offre de faire
razer les Ouvrages d'Huningue, & de Fort
Loüis, qui ſont en deçà du Rhin, & ce doit
être, ſi on l'en croit, un grand avantage pour
l'Empire, que d'avoir le Rhin pour Barriere
à l'endroit qui y correſpond. Mais qui ne
voit icy, que cette offre ne tend qu'à payer
d'apparences, pour ſauver des realitez; Car
gardant les Fortereſſes en de là, qui l'empêchera de relever ces Ouvrages, qui ſont ſous
le Canon, toutes les fois qu'il luy en prendra envie; puis qu'ayant à la main Hommes,
Bat-

Batteaux, & tout ce qu'il faut pour bâtir,
c'est une affaire de six mois tout au plus. Il
est vray, que ce sera une contravention an
Traité ; mais ce n'est pas ce qui l'embarasse ;
car si l'on n'a pas rompu avec elle pour la
prise de Strasbourg, à bien plus forte raison,
ne rompra-t-on pas pour un sujét tel que celui
là. C'est sur cette tolerance si souvent éprou-
vée qu'elle conte, & c'est ce qui fait voir,
qu'elle ne songe qu'à se prévaloir ici, comme
par tout ailleurs de ses artifices ordinaires, &
de la crédulité de ceux, avec qui elle traite.
Mais on y doit considerer comme un
dernier effort de tendresse les restitutions,
qu'elle offre à l'Electeur Palatin, de même
que la compensation, à laquelle elle s'oblige
des Droits prétendus de la Duchesse d'Orleans : en effet de la maniére dont elle étale
ces avantages, on diroit qu'il n'y entre pas
seulement un fond de tendresse, mais même
un mouvement de Charité Chrêtienne.
Mais que rend-elle à ce Prince ? Des mon-
ceaux de cendres pour des Villes fortes, &
opulentes ; des Déserts affreux, pour un Païs,
qui par la beauté de son assiéte & par la fertilité de son terroir, passoit auparavant pour
le Jardin d'Allemagne ; & enfin pour des
sujéts que l'industrie & le Commerce avoient
enrichis, une infinité de malheureux, qui
luy seront à charge par la necessité de sou-
lager leur misére. Or si des restitutions telles
que sont celles-là ne peuvent passer ni pour

genégénéreuses, ni pour Chrétiennes, je m'en rapporte à quiconque y voudra réflechir.

Il n'y a pas plus d'équité à ce qu'elle propose touchant la Lorraine; elle n'offre que ce que le feu Duc n'a pû accepter, c'est à dire le Duché partagé en quatre lambeaux, par les quatre routes qu'elle prétend y retenir, de même que la Ville de Nancy, qui en est la Capitale : Or comme, si ce n'étoit pas assez de l'injustice & de la vanité de ces offres, elle veut s'y réserver de plus les Places de Saarloüis, de Birch & de Hombourg, qui sont les seules qui resteroient au Duc pour la seureté de sa personne : de sorte que si elle rétient par le Traité à faire avec l'Empire & l'Espagne, Luxembourg, Brisac, Hunningue, Falzbourg, Strasbourg, Fort-Loüis & Landau, ce débris de Païs sera enclavé par tout dans les siens, & par consequent à sa disposition. Mais elle a ses raisons, pour en user ainsi : il luy prendra envie de faire une nouvelle invasion dans l'Empire, ou au Païs Bas; il sera de son interêt de ne rien laisser derriére, ni à côté, qui la puisse inquiéter; & voilà le Duc de Loraine surpris & dépoüillé de ses Etats : il aura, dira-t-on, entretenu des liaisons préjudiciables à la France, avec la Cour de Vienne; & c'est à quoy l'étroite Parenté, qu'il y a entre l'Empereur & luy, servira toûjours de pretexte. Ensuite quelles avanies ne luy fera-t-on pas pour le contraindre à

traiter

traiter de sa Souveraineté contre des terres de pareil revenu dans le centre du Royaume, & quelles persécutions sur le réfus? Elle en a usé de cette manière avec le Duc Charle IV. son Grand-Oncle, & elle en usera de même avec tout autre; n'y ayant point d'exception, qui ne doive ceder à sa convenance.

Il faudroit dire quelque chose sur la restitution, qu'elle offre de Montroyal, & de Trarbach démolis: c'est beaucoup de grace dans son sens, que de vouloir faire raser deux Places, qui tiennent l'Electorat de Tréves en sujetion, & dominent les deux côtés de la Moselle. Mais sans considerer ici la Justice qu'il y a dans cette restitution, l'on peut dire, que ce sont deux Garnisons inutiles, qu'elle épargne par là en tems de Paix: & puis qu'elle prétend garder les Places de Luxembourg, de Saar-Loüis, de Bitch, & de Hombourg, outre celle de Tionville, qui est à tête de cette Riviére, elle ne sera pas moins maîtresse du Païs pendant la Guerre: il lui suffit de payer partout d'apparence, & d'obliger ses Ennemis à lui en tenir compte.

Les secondes propositions, qui contiennent les intentions à l'égard des autres Puissances, sont encore moins convenables, & moins expliquées. Elle veut, dit-elle, rendre à la Couronne d'Espagne Roses, Belver, & tout ce qu'elle a conquis en Catalogne pendant cette Guerre; & au Païs Bas, les Places de Mons, & de Namur dans l'Etat où elles

sont;

sont ; à quoy elle ajoûtera de grace celle de
Charleroy démolie, afin que ces deux premiéres Places servent de barriére, comme devant, aux Provinces Unies ; & c'est à quoy
se reduisent les premiéres preuves qu'elle pretend y donner de son inclination à la Paix.
Je ne veux pas disconvenir ici, que la restitution de Roses ne soit utile à l'Espagne ; car
pour ce qui est de celle de Belvert, elle n'est
d'aucune consideration. La premiére peut
luy épargner un siége ; & un siége en ce Païs
là, ne laissera pas de l'embarrasser beaucoup.
Mais de vouloir se faire un merite envers les
Provinces Unies, de la restitution de Mons,
de Namur, & de Charleroy, même à rendre
le dernier avec ses Fortifications ; c'est ce
dont je ne sçaurois convenir. Car si elle a
pû s'emparer des deux premiéres Places à la
veüe d'une Armée prête à les sécourir, &
malgré toutes les diversions, qui se sont faites de ses Forces en Allemagne, en Italie, &
en Catalogne, quel fond y peuvent-elles faire aujourd'huy par une barriére ? Ces offres
étoient bonnes à faire, avant qu'elle eût donné de si fortes preuves de sa puissance ; mais
à present que ces Provinces en sont si con-
vaincuës, & si justement allarmées, il faut
de deux choses l'une ; où qu'elle double, &
triple même cette barriére ; où qu'elle prenne
le party de la refuser entiérement ; puis que
de la maniére dont elle attaque, elle peut les
réprendre toutes en une Campagne, & avec

ce danger de plus , qu'il ne faut que la prife
de l'une de ces places , pour les expofer à fes
invafions : outre que n'y ayant point de
Pais , où elle en puifle faire avec plus de fa-
cilité qu'en celuy là, par la commodité de fes
Places avancées,& de fes Magazins,elle pourra les avoir emportées toutes , avant qu'on
fe foit mis en état de les fecourir. Puis je laiffe à penfer ce que deviendra le refte , qui ne
fera plus d'un lambeau de Pays également
onereux à l'efpagne , & aux Provinces Unies.
Il faut donc que la France parle autrement , fi
elle veut la Paix ; mais fi elle ne la veut pas ,
pourquoy fe décrier encore plus par des demarches fi fufpectes.

La feconde Preuve , qu'elle pretend y donner de fes intentions pour la Paix , eft , à ce
qu'il paroit , une renonciation qu'elle offre
de fes droits fur les Pais Bais , en faveur de
l'Electeur de Baviere , en cas que l'Empereur
faffe la meme chofe. Il eft vray qu'il n'y a
rien de fi obligeant en apparence pour l'Ele-
Cteur que ces offres , & c'eft ce qui furprend ;
car d'où peut luy venir ce retour de tendref-
fe ; elle qui fur le bruit , qui courut il y a fept ,
ou huit ans , que l'Efpagne luy en vouloit
donner le fimple Gouvernement, fit d'abord
protefter par fon Ambaffadeur à Madrid, que
fi l'on paffoit outre , elle le prendroit pour
une rupture. Il faut qu'il y ayt un poifon
caché fous un relâchement fi extraordinaire
& fi peu de fon ftyle ; & il y en a fans doute.

te. Elle feroit ravie de pouvoir par cet endroit rendre ce Prince, qui est belliqueux,
suspect à la Maison d'Autriche, aux Etats
d'Hollande, & à l'Angleterre, sous apparence de quelque intelligence secrete entre elle,
& luy, touchant cette renonciation ; car un
peu de defiance luy viendroit à propos pour
deconcerter leurs mesures ; mais l'artifice est
trop grossier, pour n'être pas decouvert à la
première veüe. De tous les Pays de la Succession d'Espagne, il n'y a que les Pays-Bas,
qui puissent accommoder l'Electeur de Baviére, comme étant le plus é porté pour en
joüir ; & il n'y en a point aussi qui soient
plus en veüe à la France ; tant à cause qu'ils
sont contigus, que par ce que leur jonction
rend ses esperances infaillibles, sur tout ce qui
est en delà du Rhin. Or la convenance étant
égale de part, & d'autre, & la France étant
si superieure en Forces ; ce Prince ne peut
former aucune liaison avec elle à cet égard,
qui ne luy soit funeste dans la suite. Mais posons icy, que cette Couronne luy propose
avec le tems un échange de ces Pays, avec le
Suntgau, l'Alsace, & tout ce qu'elle possede
sur le haut Rhin ; car ces Provinces, sont encore plus proches de la Baviére que les Pays-
Bas ; quelle seureté peut il y avoir pour luy,
de rentrer par cet endroit dans son voisinage ;
il peut assez prevoir, qu'elle ne sera pas plutôt maîtresse des Pays-Bas, que ce sera à re-
commencer avec luy ; puis qu'il sera pour

lors

lors de sa couvenance de se faire une barriere du Rhin jusqu'à la Mer ; car une convenance la conduit toûjours à une autre. Non. ce Prince est trop sage, & trop éclairé, pour donner dans ce piege : toute societé avec la France, en fait de partage, ou de conquéte, ne peut être considerée presentement, que comme celle du Lyon de la Fable, ou le plus fort emporte tout.

Je ne dirai rien icy des expediens, qu'elle propose pour aajuster l'affaire des reunions : cette diputation de Commissaires, & cet arbitrage de la Republique de Venise marquent assez, qu'elle voudroit bien y fonder un droit, car tout arbitrage suplose undoute, & ce doute ne peut être qu'en sa faveur, puis que le droit est incontestablement du côté de l'Empiere. D'ailleurs il est de sa prudence de ne pas s'opiniatrer sur la retention de ces Fiefs reunis, puis que demeurant maîtresse de toutes les Places qui les couvrent, comme elle le pretend, ils seront toûjours à sa disposition ; il luy suffit de rester en puissance, pour faire suivre l'effet à sa commodité.

Les equivalens, que cette Couronne offre à l'Evêque de Liege, en compensation de Dinant, & de Boüillon, tendent à la même fin ? car proposer une portion de plat Pays dans le Duché de Luxembourg, qu'elle pretend retenir, pour deux Places fortes, qui tiennent partie de cet Evêché en sujetion, affin de s'y reserver, une entrée libre à la premiere

miére rupture; ce n'eſt pas un équivalent;
c'eſt un joug qu'elle luy prepare. Pour ce qui
eſt de la reſtitution qu'elle offre de la Ville,
& du Château de Huy, l'on juge aſſez, que
voulant rendre Namur à l'Eſpagne, cette
Place qui ne vaut rien, & qui ſeroit ſans communication, luy devient à charge dans une
Paix. Mais on fait peut-être tort à la France, de donner un ſi mauvais ſens à toutes
ſes propoſitions : on pourroit dire, que la
vocation des Evêques érant ſpirituelle, il eſt
de la pieté d'un Roy Trés-Chrêtien, & qui
ſe dit Fils aîné de l'Egliſe de les décharger,
autant qu'il eſt poſſible, des ſoins d'une Juriſdiction temporelle, afin de pouvoir mieux
vacquer aux fonctons de leur charge : on
voit même, qu'il a déjà étably fort utilement cette réforme dans l'Evêché de Strasbourg, d'où il eſt à préſumer, qu'il ne manquera pas de l'établir auſſi dans tout l'Empire, où ce mélange de Juriſdiction ne ſer-
vira, au dire de ſes Miniſtres, qu'à y multiplier les abus.

L'opiniatreté, avec laquelle la France inſi-
ſte à retenir Luxembourg, avec le Duché de
ſon Nom, ne peut pas être interpretée ſi fa-
vorablement, que l'article de l'Evêché de Lié-
ge : car c'eſt à tort qu'elle pourroit la préten-
dre pour la ſeureté de ſa Frontiére; puis qu'on
n'a pû l'entamer par cet endroit à la dernière Guerre, quoy que cette place fût encore à
l'Eſpagne. En effet ayant Tionville, pour cou-

vrir la Moselle ; Verdun , & Sedan pour couvrir la Meuse ; Longwy , & Montmedy dans
l'entredeux , toutes Places fortes par art , &
par assiéte ; & Mets plus en dedans , pour servir de Place d'assemblée ; Je ne sçay ce qu'elle y pourroit apprehender : car pour ce qui est
des courses , à moins qu'elle ne la renferme
par une muraille , comme les Chinois firent
autrefois, elle ne les empêchera jamais. Mais
ce n'est pas là le nœud de l'affaire ; Luxembourg couvre les Electorats de Tréves, & de
Cologne, les Duchez de Juliers , & de Lim-
bourg , & tout ce qui est de l'Evêché de Lié-
ge en deça de la Meuse ; il n'y a point de Place à plus de vingt lieües d'Allemagne en delà, qui luy puisse resister on jour ; & c'est une
assez grande étenduë de Pays , pour être di-
gne de son ambition. Il ne s'agit donc plus,
que de voir si les Alliez ne s'opiniatreront
pas de leur côté , à ravoir cette Place, qui leur
est si importante , & qui leur à été enlevée par
un sedistrage si enorme. Du moins peut-on dire
que , puis qu'il n'y a que la France seule qui
trouve sa convenance dans la Paix aprés l'avoir
romppë, il seroit plus que juste qu'elle la payât
par la restitution de tout ce qu'elle leur a pris :
outre qu'il n'y a plusque cette seule voye, pour
les persuader de la sincerité de ses intentions.

Ce qui me surprend est , de ne rien voir de
positif dans ces Propositions pour le Duc de
Savoye; quoi que le rang, qu'il tient parmi les
Alliez, le fasse assez distinguer, pour y mériter
une

une place: il eft vray qu'il entre naturellement
dans ce qu'elle marque à la fin, à fçavoir que,
*Pour terminer tous les differents avec les au-
tres Puiffances, elle conviendra des Propofitions
juftes, & raifonnables, qui luy feront faites de
leur part, ou en leur faveur.* Mais quel fond y
a-t-il à faire fur des affeurances fi vagues, &
fi confufes ? fur quoy je ne puis m'empêcher
d'admirer la fubtillité myfterieufe de la conduite : elle ne fait aucune démarche, qu'elle ne fe tienne en mefure pour avancer, ou
pour reculer felon que la chofe tournera. *Elle
conviendra*, dit elle, & c'eft faire un grand
pas, mais de quoy ? *De propofitions juftes, &
raifonnables*, & c'eft là fa referve : car qui é-
tablira icy cette Juftice, & cette raifon ? Si ce
font les Mediateurs, peut on fe flatter, qu'ils
ayent affez d'authorité fur elle, pour l'obliger à des Conditions, qui ne foyent pas de fa
convenance : cette authorité doit être foute-
nuë par la Force, & en qui des Mediateurs
la trouvera-t-on ? Que fi c'eft elle même,
qu'y a-t-il à efperer pour le Duc de Savoye,
aprés la conduite, qu'elle a tenuë tant avec
luy, qu'avec tous ceux qu'elle a pû opprimer ?
Son fort, fi on l'en croit, ira bientôt de pair
avec celuy des Ducs de Lorraine.

Il y auroit diverfes autres remarques à faire, fur tout le tiffu de ces deux propofitions ;
car à peine s'y trouve-t-il une periode, qui
n'enveloppe quelque artifice, foit dans la fub-
ftance lors qu'elle paroît s'énoncer le plus
clai-

clairement, ou dans l'explication lors qu'elle
y laiſſe à deviner ; du moins peut on dire qu'il
n'y en a point, qui ne demande des éclairciſſemens ulterieurs, & ces éclairciſſemens à tirer, tendent à une Aſſemblée, dans laquelle
elle ſe flatte de broüiller infailliblement les
Allliez : auſſi voit on, qu'elle en fait inſinuer
la neceſſité dans toutes les Cours, & que pour
y attirer les plus ſcrupuleux, elle y fait eſpérer
ſous main des conditions plus favorables.
Mais qui peut la leurs conſeiller, aprés le funeſte exemple de celle de Nimegue? Il ne m'ap-
partient pas de preſcrire icy des regels pour la
négotiation ; mais qu'on la tourne comme on
voudra, il eſt certain, qu'il n'y a que deux moyens pour y éviter la ſurpriſe : Le premier eſt,
que la France propoſe au préalable de telles
conditions aux Alliez, que chacun y trouve
ſa convenance particuliére, & cette convenance pour être entiére, doit s'étendre à une reſtitution en général de tout ce qu'elle a uſurpé
ſur eux, ou du moins à un rétabliſſement de
Frontiére, qui les mette à couvert de ſes invaſions : & le ſecond qu'avant toute Aſſemblée on ſoit convenu par voye de Mediateurs,
des Conditions les plus eſſentielles du Traité,
de ſorte que quand on viendra à s'aſſembler,
il n'y ait plus qu'à y donner la forme, & à
le ſigner : toute autre voye eſt l'écüeil de la
Ligue, & la perte de ſes avantages à eſpérer.
Or s'il conſte par la teneur de ces deux Propoſitions, que la France ne ſonge à rien moins
qu'à

qu'à accorder des Conditions raifonnables, &
fi la cruelle experience de ce Regne nous fait
voir à l'œil , que toute Paix avec elle eft plus
dangereufe, que la Guerre même : il s'enfuit
qu'il n'y a que les Armes qui puiffent procurer la fin que l'on propofe, (a) qui eft une
Paix générale , feure , & glorieufe.

Je prévois , que cette conclufion chagri-
nera quantité de Gens, qui feront prévenus d'un fentiment contraire, foit qu'ils
n'en envifagent pas affez la neceffité ,
ou qu'ils fe figurent des avantages particuliers dans la Paix. Quel moyen , me diront-
ils , de continuer plus longtems la Guerre,
puis que les Etats qui doivent fournir à la
dépenfe, font entierement épuifez, les Hommes & les Chevaux trés difficiles à trouver,
& les Pays qui y doivent fervir de Theatre,
faccagez dez le commencement par l'Ennemy ? Enfuite que ne publiéront ils pas des
avantages de la France , & de tous les defauts
qu'ils auront remarquez dans la conduite des
Alliez : d'où ils conclurront , que puis qu'elle veut la Paix, toute triomphante qu'elle eft,
il faut la recevoir à fes offres , de peur que de
nouvelles Victoires ne la faffent changer de
fentiment. Ces raifons paroiffent à la verité
fort plaufibles, mais on me permettra de dire
icy , qu'elles ne font plus de mife , dans les
extremitez , où l'on fe trouve , & je crois
l'avoir

(a) *Pace fufpectâ* , *tutius Bellum.* Tac,
Hift. 4. 49.

l'avoir prouvé par des démonſtrations, auxquelles il n'y a point de réplique. Ce n'eſt pas par la reſtitution de quelques Places, que l'on peut ſe garantir des inſultes de la France, puis qu'il ne luy faut que trois Campagnes, & une conjonĉture favorable, pour les reprendre toutes : (a) c'eſt par la continuation de la Guerre, qu'il faut tâcher de détruire ces grands reſſorts, dont j'ay parlé ci-devant, & qui ſont l'établiſſement de ſa puiſſance ; ſans quoy l'on n'aura fait que couvrir un feu toûjours prêt à ſe rallumer, & dont l'impétuoſité ſera d'autant plus à craindre, qu'elle éclatera lors qu'on y penſera le moins. On voit même que la France y riſque le tout pour le tout ; & c'eſt peut-être plus en veüe de ſauver l'authorité, & la réputation du Gouvernement au dedans, que les avantages de la Couronne au dehors ; le premier luy étant le plus neceſſaire, pour maintenir le Corps de l'Etat ſur ce pied de violence, où les deux derniers Regnes l'ont étably ; ſeure que ſi elle peut l'y maintenir, rien ne ſera capable de traverſer la pourſuite de ſes vaſtes deſſeins. Or on ſçait quels ſont ſes deſſeins ; car elle ne les a que trop découverts, & ſur l'Empire, & ſur la Monarchie d'Eſpagne; tout le reſte ne ſera que dépendances, & que réunion : on ſçait auſſi par quelles voyes elle les dirige, &

en

(a) *Si Pace frui volumus, Bellum gerendum eſt, ſi Bellum omittemus, Pace nunquam fruemur.* Cic. Phil. 7.

on Paix, & en Guerre ; & c'eſt ce qui doit faire
fremir de peur tous ceux qui par une fauſſe
idée du repos, ſe laiſſent entêter à contretems
du deſir de la Paix : car où trouver ce repos,
ſi (a) la Paix nous a fait reſſentir juſqu'à
preſent tous les maux d'une Guerre la plus
funeſte ; & ſi l'on en prevoit d'autres en con-
ſequence de cellecy qui ſeront ſans remede ?
On y voudra deſarmer pour épargner la de-
pence, & c'eſt ce que la France ne ſçauroit
plus faire, ſans courir riſque d'une Guerre
inteſtine : car que faire de ſes vieux corps,
qui accoûtumez au pillage, & à la rapine
dans le Pays Ennemy, ſont devenus incapa-
bles de tout autre exercice, que de celuy de
la Guerre ? Et à quoy employer cette multi-
tude prodigieuſe d'Officiers, que la paſſion
de s'avancer a ruïnez, & qui reduits à une
petite penſion, ne ſerviront qu'à remplir le
Royaume de vols & de brigandages ? Mais
ce n'eſt ny ſon intereſt, ni ſon intention de
deſarmer ; ſi elle reforme ſes nouvelles Troupes, & ſes Milices, ce ſera avec cette pre-
caution, que les noms, & les demeures étant
enregiſtrez, elles ſeront prêtes à ſe raſſem-
bler au premier ordre. Or ſi la France a de
ſi fortes raiſons de ſe tenir armée, par les
veües dont j'ay parlé cy-devant, & s'il y
entre de plus l'impoſſibilité de deſarmer, je
demande à ces eſprits pacifiques, ſi les Alliez
                                        pour-

(a) *Pacis nomine involutum Bellum. Cic.*
Phil. 7.

pourront réformer leurs Troupes, & ne le
pouvant pas, s'il y a de l'épargne à se laisser
lier par une Paix, qu'elle rompra infailible-
ment dés qu'elle y trouvera son avantage ?
Une des principales raisons, qui firent préci-
piter le Traité de Nimegue, fut la consideration de l'épargne; la dépense de la Guerre
paroissoit excessive, on n'y pouvoit plus tenir. Mais qu'y a-t-on gagné ? N'a-t-il pas
fallu se tenir armé, munir toutes les Places
Frontières de fortes garnisons, & en un mot
y continuer des dépenses, que l'on auroit pû
épargner dans une Paix avantageuse, telle
qu'on l'auroit faite, si l'on se fût bien enten-
du ? Ensuite de quelle utilité ont été toutes
ces dépenses à la France ? n'a-t-elle manqué de
se prévaloir de toutes les occasions de s'aggrandir ; & après luy avoir laissé prendre
tous les avantages, a-t-on pû éviter la necessité d'entrer en Guerre avec elle, puis que
c'est elle même qui l'a déclarée ? Or s'il est
vray que les dépenses de cette Guerre surpas-
sent de beaucoup celles de la précédente, comme il n'est que trop constant, on en peut infe-
rer hardiment, que celles de la première iront
à l'infiny ; puis que cette Couronne y conser-
vera ses avantages, & de plus, des armemens
plus formidables qu'ils n'ont jamais été: outre qu'elle ne trouvera peut-être jamais un si
grand nombre d'Ennemis à combattre. C'est
ainsi qu'une fausse ombre de Paix, conduit par
dégrez à une vraye, & indigne servitude.



E ij                                                II

Il est vray, que les Sujets de l'Empereur
sont le plus à plaindre dans cette conjoncture; car outre ce qu'ils fournissent pour la
Guerre contre la France, ils doivent en soûtenir eux seuls une contre le Turc, qui les
épuise depuis dix ans; & à laquelle il n'y a
point de fin. Mais que ne doivent ils pas faire pour en sortir heureusement, à quoy il
paroît une disposition favorable. Il n'y a de
Paix à esperer avec la France, que dans son
humiliation, elle tient ouvertement avec le
Turc dans cette Guerre, & les communs efforts de ces deux Ennemis jurés tendent également à leur oppression: ainsi puis que
le dernier est déja humilié, il ne s'agit plus
que de l'autre, & il ne le peut être que par la
continuation de la Guerre, Ensuite peuvent-
ils dire, que ce qu'ils ont payé pour l'entre-
tien de ces deux Guerres, arrive à la sixiéme
partie de ce que les François ont dû payer,
pour soûtenir dans une cause si injuste le
faste, & l'ambition de leur Roy; ni aussi
qu'il égale ce que les Anglois, & les Hollandois, qui sont de moitié, y contribuent pour
leur part: en quoy ces deux Nations leur
font voir par un exemple, qu'on ne peut assez loüer, combien l'interêt de l'Etat leur
est cher, dans une si importante conjoncture!
Ils me répliqueront sans doute, que les Conquêtes d'Hongrie sont mal assurées, qu'il ne
faudroit aux Turcs que le gain d'une Bataille, pour reprendre Bude, & peut être mê-

me

me toutes les autres Places, qu'ils ont per-
dües, comme étant encore en desordre, &
peu pourvûës de monde : au lieu, que si
l'Empereur avoit la Paix avec la France,
quand même il seroit seur, que celle-cy la
dût rompre bientôt aprés, il luy suffiroit du
peu d'intervalle qu'elle luy laisseroit, pour
tourner toutes ses forces de ce côté là, & y
faire passer celles de l'Empire, qui se trouveroient desoccupées, ce qui luy donneroit
jour à reprendre Belgrade, & à faire ensuite
une Paix seure, & glorieuse avec eux. Ces
veües sont à la verité fort apparentes ; mais
je souhaiterois de sçavoir d'eux, s'ils sont
fort seurs que cette Couronne, qui se trouvera oysive par la même raison, ne redou-
blera pas son assistance à un Allié, qui luy
est si cher, qu'elle a instigué elle même à
leur perte, qu'elle a tant d'interêt de conserver, & qui n'a été malheureux, que pour
avoir suivy ses impressions ? Car pourquoy
avoir rompu la Tréve avec l'Empereur &
l'Empire, dont les Conditions luy avoient
été si favorables, si ce n'e oit dans le dessein
de relever ses espérances, aprés la prise de
Belgrade ? Et pourquoy avoir enchery dans
cette Rupture, sur toutes les cruautez qui
sont ordinaires à cet Allié, si ce n'étoit pour
faire voir à toute l'Europe, qu'étant unis si
étroitement pour une même fin, ils ne devoient pas l'être moins dans les voyes pour
y arriver ? Mais posons icy, que la France

<br>

E 1   s'oblige

s'oblige par le Traité à faire, de ne luy donner aucun secours, ni direct, ni indirect;
quelle confiance peut-on prendre dans cette
obligation, elle qui est en possession, & qui
croit même être en droit de n'en tenir aucune? Elle a trompé l'Espagne par des pro-
messes toutes semblables au Traité de Ver-
vins, & à celuy des Pyrenées, & elle ne
manquera pas d'en user de même avec l'Empereur en celuy-cy; Or comme les Hollandois, & les Portugais ne se mirent pas fort
en peine, de s'y voir abandonnez, assurez
qu'ils étoient sous main de la continuation
de ses secours; aussi voit-on que les Infideles,
qui ne peuvent ignorer ses démarches pour
la Paix, ne s'y metient gueres plus, d'où il
est aisé de juger, qu'ils ne sont pas moins
seurs, de son assistance, & c'est à quoy il
faut prendre garde. Peut-être ne leur en-
voyera-t-elle pas des Troupes en Corps,
afin de sauver les apparences; mais ce sera
la même chose, si elle les renforce de plus
grande quantité d'Officiers, d'Ingenieurs, &
d'Argent, car c'est ce qui leur manque.

Pour revenir à l'épargne, il n'y a personne, qui ne convienne avec moy, qu'il y en a
infiniment plus à soûtenir un surcroit de dé-
pence, qui ne va qu'à un an ou deux tout au
plus, qu'à en soûtenir une réglée, qui peut
durer à l'infiny, & c'est ce dont il s'agit pré-
sentement. Cette Guerre à y redoubler ses
efforts, ne peut aller qu'à une ou deux Cam-

pagnes de plus, car la France en souffre plus
qu'aucun de tous les Etats, qui y sont en-
gagez; on s'aperçoit même, que ces grands
reſſorts, qui luy donnoient un mouvement
ſi rapide, commencent à ſe rélacher, que la
miſére y eſt générale, & qu'il a fallu faire les
derniers efforts, pour dreſſer les Armemens de cette Campagne. Or il eſt certain,
que la Paix, ſur les Conditions qu'elle propoſe, la fait rentrer dans ſon fort, puis
qu'elle luy ſert à rétablir ſes Forces, à diſſiper ſes Ennemis, à ſe rendre plus formidable dans la ſuite. Il faut, dit Polibe, que
ceux qui gouvernent les affaires, prennent
bien garde dans quel eſprit un ennemy veut
finir la Guerre, ou établir une alliance, ſi
par un intereſt de ceder au temps, ou par un
veritable ſentiment de Paix, ſe trouvant ab-
battu, afin qu'ils ſe défient des premiers,
comme étant des (a) Ennemis cachez, & qui
ſont toûjours au guet pour profiter de l'oc-
caſion. Or c'eſt dans ce même eſprit, que
la France prétend traiter avec les Alliez, il
luy faut un peu de repos pour ſe remettre, &
c'eſt ce qu'elle y obtient, ſauf, rompre lors
qu'elle y trouveraiſon avantage. Qu'ils ne
ſe trompent donc pas, il faut qu'ils faſſent
la Guerre à la France, ou elle la leur fera, &
qu'ils la mettent par là hors d'état de leur
faire du mal, ou elle leur en fera toûjours.

E 3       Enfin

(a) *Tanquam ſubſeſſores, & inſidiatores*
*temporum.* Lib. 3. cap. 12.

(802)

Enfin quand il n'y auroit icy que la Juſtice de venger ces incendies, ces ſacriléges
& ces cruautez exécrables, dont elle a déſo-
lé dans cette Guerre ces belles Provinces
d'Allemagne, où ſes Armes ont péne-
tré; il eſt certain, que ce ſeroit aſſez pour
y faire entrer toute l'Europe, par un interêt
général de ſauver à la poſterité l'énormité
de l'exemple. Quoy ! la France aura pû in-
citer le Turc à la Conquête de la Hongrie
& de l'Empire, puis ſur le malheur du ſuc-
cés, relever ſes eſpérances par une infraction la plus énorme, qui fût jamais ? Elle
aura pû, des-je, outre l'indignité de l'Alliance, & l'injure de l'infraction, mettre
tout à feu, Villes, Egliſes, Bourgs, Pa-
lais, Châteaux, & en un mot, tout ce
qui ſe ſera préſenté à la fureur de ſes Incen-
diaires, enveloper Hommes, Femmes, &
Enfans dans les flammes, profaner le San-
ctuaire par une infinité de Sacriléges & d'a-
bominations, & ſe faire honneur, pour ainſi dire, du renverſement de toutes les Loix
Divines, & humaines. Oüi, elle aura pû
commettre toutes ces énormitez de volonté
delibérée, & dans un Païs où elle ne trouvoit aucune réſiſtance, ſans que toute l'Europe ſe ſoit unie pour en tirer une vengeance exemplaire : au contraire il aura fallu
qu'elle ait menacé les uns, & attaqué les
autres, comme pour inſulter à leur inſenſi-
bilité, & apres tout, on aura eu la lâche-

N2

ré, même sur le déclin de sa fortune, de
lui accorder la Paix, aux Conditions qu'il
lui aura plû de prescrire. C'est ce que l'on
aura peine à croire dans les Siécles à venir.
Mais s'il y en a, qui doivent être touchez
d'un plus juste sentiment de vengeance, ce
sont tous les Princes de l'Empire en général,
comme étant du Sang de ces grands Empereurs, dont ils ont vû profaner si indignement les Cendres, & les Tombeaux à Spire,
il y en a peu qui n'en soient issus, puis que ces
Empereurs ont tous été des plus Illustres Mai-
sons d'Allemagne, & parmy ceux-ci deux
des plus considerables, qu'il y ait eu de la
Maison d'Autriche; aussi est-il à croire qu'
une profanation si atroce, & si injurieuse,
aura fait bouïllonner ce Sang dans leurs vei-
nes, par une impression que la nature y a dû
faire, d'où il est à presumer, qu'ils ne po-
seront les Armes qu'après l'avoir vengé hautement, & satisfait en même temps à ce
qu'ils doivent à leur naissance, à leur patrie,
& à la gloire de l'Empire, qui a été si pro-
stituée dans cette occasion.

Mais que l'on seroit heureux, s'il ne
s'agissoit icy que de vengeance, & de répre-
saille! il y auroit des voyes pour composer
l'affaire à l'amiable, & l'Empire seroit peut ê-
tre le premier à y entrer; il s'agit de l'esclavage, ou de la liberté de toute l'Europe, & cette
Guerre en doit décider. Il a fallu que la
France ait convaincu tous les Alliez de

l'iniquité de ses maximes ; qu'ils en ayent éprouvé tous, & chacun en particulier, mille funestes effets, & qu'enfin le danger commun les ait unis, par une necessité inévitable de se défendre : il a fallu, dis-je, que cette Couronne ait attaqué les uns de gayeté de cœur, & menacé les autres après quarante ans d'injustices, de violences, & d'usurpations, pour former une ligue si juste, & si necessaire. Ensuite de combien d'incidens n'a-t-il pas fallu que cette Ligue ait été précédée tant pour la former, que pour l'affermir ? le Gouvernement d'Angleterre renversé, le Roy Jacque, retiré en France, & le Roy Guillaume sans succession ; toutes conjonctures favorables pour cet effet : car le Roy Jacques s'étant rendu plus suspect aux Anglois par cette retraite, & la France leur étant d'ailleurs si formidable, ils se trouvent dans l'obligation de soûtenir de toutes leurs forces leur nouveau Roy, & d'un autre côté celuy-cy étant sans Enfans, toute la défiance des Hollandois cesse à son égard, & c'est ce qui les met plus en état de diriger toutes leurs Forces à la défense de la cause commune. Or comme on ne peut compter à l'avenir sur de pareilles conjonctures, puisque c'est le hazard qui les a fait naître ; il est d'une necessité absolue de se prévaloir de celle-ci, qui ne retournera peut-être jamais. On voit qu'il n'y a ni Paix, ni repos à esperer avec la France, que dans

sa propre humiliation, que toutes les Paix
précédentes n'ont servy, qu'à surprendre la
crédulité de ses Voisins, & qu'elle ne tend
dans celle cy qu'à desunir la Ligue, exciter
de nouvelles broüilleries dans tous les Etats,
qui la composent, & à se préparer à de
plus grandes entreprises. Ainsi si le danger
y continuë, & s'il y devient même beaucoup plus grand, il faudra s'y tenir armé;
& en ce cas quelle épargne peut-on s'y
promettre ? La Paix, dit Guicciardin, (a)
est sainte, & desirable lors qu'elle n'aug-
mente pas le peril, & qu'elle donne
moyen de vivre en repos, & d'épargner la
dépense; mais lors qu'elle produit des effets
tout contraires, c'est une Guerre pernicieuse
couverte sous le nom de Paix, & un venin
mortel, sous l'apparence d'un medicament
salutaire. Telle est la Paix que la France
propose, plus pernicieuse dans ses fins,
que la plus cruelle Guerre. (b) C'est aussi
de ces sortes de Paix dont Plutarque (c) nous
réprésente le danger; ceux, dit il, dont l'ambition ne peut être bornée par des Mers, par
des Montagnes, ni par de vastes Déserts, ne
pour-

(a) Lib. . . . . . . . . . . . . . . . . . . . . . . . .
. . . . . . . . . . . . . . . . . . . . . . . .

(b) *Bella aperta palam vitos, fraus, &*
*dolus occulta coqua inevitabilia.* Tac. Hist.
4. 24. . . . . . . . . . . . . . . . . . . . . .

(c) In Pirrho. . . . . . . . . . . . . . . . . .

pourront jamais s'abstenir de faire du mal ;
car estant nez avec une ambition insatiable,
& ne songeant qu'à s'étendre par toute sorte de voyes , ils doivent estre comme Ennemis en tout temps ; aussi se servent-ils
indistinctement des noms de Paix, & de
Guerre comme d'une monnoye qu'ils font
courir selon leur propre utilité ; moins à
craindre dans une Guerre ouverte, que lors
qu'au milieu d'une Paix ils exercent une injustice sourde & oisive, sous le nom de Justice, & d'Amitié.     Telle est la France à
l'égard de ses Voisins au milieu de la Paix :
que si l'on y joint le danger inévitable de ses
ruptures, & les cruantez si énormes, dont
elles les accompagne, on trouvera, qu'il n'y
auroit point d'autre party à prendre dans
cete conjoncture que celuy, auquel Pro-
cope semble nous inviter par ses paroles,
(a) *Pacis fœdera solvere nihil aliud esse quis
dixerit, quàm hominum cultum in ferarum
vitam commutare ; nam si dissidentes nun-
quàm convenirent, infinito omnino bellum
esset : quod si finem non est habiturum, de
statu hominum ac natura eos, qui in illo
occupantur, decorum est dimovere.*     Mais ce
n'est pas là l'intention des Alliez ; ils auroient horreur de luy rendre mal pour mal,
quelque justice qu'il y ait ; & s'ils continuent
la Guerre, ce n'est que pour l'obliger à des
conditions plus équitables ; afin qu'il y ait
un

(a) *De Bello Pers.* Lib. 2.

un rétabliſſement de Frontiéres, ſans lequel
il n'y a ni repos , ni ſeureté à eſpérer avec
elle. C'eſt là l'unique veüe qu'ils s'y propo-
ſent ; & puis que la France en doit connoître elle même la Juſtice , & la neceſſité, il
y a lieu d'eſpérer que, ſi l'on ſe tient ferme
& uny, elle n'attendra pas les extrémitez
pour s'y rendre.

FIN.